MANUEL DE SURVIE SUR INTERNET

Collection « 100 QUESTIONS/RÉPONSES »

MANUEL DE SURVIE SUR INTERNET

100 CONSEILS POUR COMPRENDRE ET SE PROTÉGER

Édouard Fillias
Alexandre Villeneuve

ellipses

ISBN : 9782340-029798

32, rue Bargue 75740 Paris cedex 15

www.editions-ellipses.fr

REMERCIEMENTS

Gaël Kerisit est auteur et rédacteur, œuvrant notamment pour les agences de conseil en communication. Passionné de nombreux sujets scientifiques, il est notamment un explorateur assidu du monde numérique.

AVERTISSEMENT

Vous tenez entre les mains le premier *Manuel de survie sur Internet*.

Dès lors, prenez garde : vous pourriez devenir plus sachant, mieux informé, meilleur protecteur avec vos proches. En somme, vous pourriez être davantage en contrôle sur vous-même, sur votre destinée.

Prenez garde, car vous êtes prêt. Près d'un quart des Français ne se sent pas à l'aise avec le numérique, et ce, alors que 9 personnes sur 10 sont connectées à la toile (CSA, février 2018). Pourtant, comme vous, parmi ces individus, plus d'un sur deux se dit aussi prêt à prendre le taureau par les cornes pour progresser et ainsi faire mentir son « illectronisme ».

Prêt à comprendre le progrès… Au risque de découvrir la part d'ombre de l'économie numérique, soulevée ici et là. Mais faire la lumière, libérer la bonne information, prôner la transparence, ne serait-ce pas là les bases de la confiance que nous recherchons ?

Confiance dans nos entreprises, confiance dans nos institutions, confiance dans notre pays. Mais surtout, avec ce manuel, confiance en vous-même, en vos capacités et en votre propre logiciel de raisonnement, qui, contrairement aujourd'hui à vos données, n'appartient qu'à vous-même. Dans ce monde d'échanges illimités et ouverts, c'est à vous de prendre le pouvoir, avant de le rendre aux communautés, de le partager sans craintes avec la multitude.

Jeanne Dussueil

Journaliste, fondatrice du nouveau média GlobalizNow.com, destiné à enrichir l'actualité française avec des perspectives de l'étranger. Intervenante sur BFM Business, auteur (*L'entrepreneur et l'indigné : deux façons de changer le monde* – avec Philipe Hayat, Gilles Vanderpooten, Ellipses, 2012).

TABLE DES MATIÈRES

MES ACHATS, MON ARGENT

MES SOURCES D'INFO

MA E-REPUTATION

LES PRÉDATEURS

INTRODUCTION

Internet est devenu bien plus qu'un ami intime. En à peine vingt ans, il s'est rendu indispensable, vital même, dans notre quotidien.

Un téléphone mobile est consulté plusieurs centaines de fois par jour. Le commerce de tous les jours, l'industrie de la musique, les médias, le tourisme et les transports, ne seront plus jamais comme avant. Tout ce que vous avez vécu jusqu'alors n'est qu'un avant-goût...

Au travail comme en famille, Internet est source d'informations, de communication et de services qui nous facilitent la vie. Désormais chaque objet se connecte pour communiquer, offrant toujours plus de possibilités. Le « cloud », cet immense silo virtuel qui réunit nos données est la matière première des intelligences artificielles connectées qui prédiront nos désirs et nos questions mieux que nous-mêmes. Les bénéfices sont innombrables et nos vies sont changées pour toujours.

Mais au fait, sommes-nous réellement en sécurité naviguant dans le confort de notre canapé, depuis notre fauteuil de bureau ou sur notre portable blotti au creux de la paume ? Non, nous ne le sommes pas. Pour être exact, nous ne l'avons jamais été. Mais le succès éclair du monde digital a attiré des bataillons de prédateurs professionnels. Les failles de systèmes informatiques, devenus de véritables ogres à données, nous rendent vulnérables.

Et pour la très grande majorité, nous n'en sommes pas conscients, éblouis par le vertige des possibles.

Savons-nous efficacement protéger nos intérêts sur Internet ? La réponse est non. La plupart d'entre nous a appris sur le tas, sans formation ni guide autre que le bouche-à-oreille. Les auteurs de ce livre appartiennent à une génération de l'entre-deux, devenue adulte alors qu'Internet émergeait au tournant des années 2000. Celles qui nous ont précédé, les baby-boomers, les « late-adopters » et autres nouveaux disciples de la « transformation digitale » ont pour la plupart rejoint le train en marche. Elles n'ont jamais acquis l'aisance informatique nécessaire à la maîtrise du réseau. Elles le consomment pourtant intensément ; au travail, avec la gestion de leurs fichiers. Dans le privé, pour les achats en ligne ou la communication en famille, Facebook est un média de plus en plus apprécié des seniors, quand les plus jeunes se tournent vers l'éphémère et la nouveauté permanente. Sont-elles prêtes à en comprendre les risques ? Les générations qui nous ont suivis, les

« digital natives » ont grandi dans un monde déjà connecté, les yeux rivés sur les écrans, sans garde-fou. Elles ont profondément intégré la notion d'identité numérique, fabriquant sur Instagram une vie pleine de sourires photogéniques, tous « identifiables ». Pour elles, l'image, notamment vidéo, est une nouvelle grammaire. La vie connectée en 3, 4, et bientôt 5G, la seule connue d'eux, est leur norme. Sont-ils prêts à en comprendre les limites ?

Comment fonctionne Internet et qui paie au juste pour le faire fonctionner ? Qui tente de profiter de vous, de vos informations personnelles et de votre vie ? Et surtout, comment vous protéger, vous et vos proches, pour profiter du meilleur de ce nouveau monde ?

Comme souvent, la recherche de la sécurité est d'abord une quête individuelle. Toutes les lois et règlements ne pourront nous protéger : Internet n'est pas différent du monde physique ; il en est le simple prolongement. Comme pour une randonnée en montagne ou une sortie en mer, il convient de se préparer, de s'assurer qu'on dispose des informations et des outils de notre sécurité. L'idée est d'être capable également de conseiller ses proches et amis par une parole simple, basique, de bon sens, qui les sensibilisera à leur tour.

Il s'agit aussi de donner à tous les mêmes moyens et connaissances pour se protéger, indépendamment de leur niveau d'acculturation digitale. Au risque du stéréotype, que l'on soit un internaute senior du fin fond de la Corrèze, peu rompu au numérique, ou un jeune hipster branché et surinformé de l'Est parisien, nous avons tous le droit de comprendre ce qu'est un Cookie sur une page et comment nous en défaire. Les enfants et adolescents, et surtout leurs parents, sont également des cibles potentielles : peu alertés des risques, ils ont un usage intensif qui les expose. Leurs parents, souvent dépassés par la technologie, lâchent du lest par ignorance plus que par négligence.

Un usage informé et prudent d'Internet est une hygiène de vie d'autant plus importante que les progrès éclairs de l'expérience utilisateur rendent le fonctionnement du réseau et de ses services de plus en plus simples, immédiats et addictifs, ce qui est l'objectif assumé et recherché des GAFA : Google, Amazon, Facebook, Apple, et de tous les suiveurs. L'achat en un clic d'Amazon comme, en France, la simplicité de l'application Trainline (ex. : Capitaine Train), illustrent ce progrès rapide de toute l'industrie digitale. Une simplicité magique et grisante, dopée par les smartphones, qui est d'autant plus risquée que l'on ne maîtrise pas les bases de sa sécurité numérique.

Dans un contexte extrêmement anxiogène, où Facebook est désormais ouvertement contesté, où les tentatives d'embrigadement au djihad se font sur les forums d'adolescents, les attaques informatiques à grande échelle et le vol massif de données privées, il s'agit de rappeler avec force que, malgré les abus et les dangers, Internet est une opportunité. Plus qu'une pierre supplémentaire à l'édifice de la technophilie, ce guide se veut un outil d'émancipation individuel et collectif. Ce Manuel n'est donc pas destiné aux grincheux qui ont pris la technologie en rogne. Au contraire, il s'adresse à tous ceux qui ont bien l'intention d'en profiter, mais au risque ni de leur réputation, ni de leur intégrité physique et financière.

Rappelons-le aussi, la confiance ne se décrète pas : elle se construit par le partage des informations, des savoir-faire et des savoir-être. Chacun, dans l'échange, doit partir sur un pied d'égalité. La modeste conviction des auteurs est qu'une société de confiance sera toujours plus à même de répondre aux grands défis, à l'inverse d'une réglementation tardive, massive et inadaptée. Encore faut-il que chaque internaute se prémunisse contre les risques les plus ordinaires. En d'autres termes, nous espérons que ce Guide sera l'allié précieux de ceux qui souhaitent exercer leur responsabilité d'internaute en toute liberté.

Bien entendu, nous devons aussi rappeler que cet ouvrage ne peut être exhaustif. Il s'adresse aux débutants comme à ceux, un peu plus chevronnés, désireux d'approfondir leurs connaissances.

Afin de faciliter la lecture de ces 100 questions, nous vous proposons en introduction un kit de survie digitale, qui regroupe les bonnes pratiques essentielles, puis une lecture organisée par chapitres :

- Mon kit de survie
- Ma famille, Ma vie
- Mes achats, Mon argent
- Mes sources d'info
- Ma e-réputation
- Les prédateurs

En vous souhaitant une lecture utile et, comme on disait à la fin des années 1990, un bon « surf ».

MON KIT DE SURVIE

COMMENT SÉCURISER MON ORDINATEUR ? 1

« Plus faibles sont les risques, meilleure est l'entreprise », disait le philosophe grec Sophocle. Évidemment, vous n'êtes pas en possession d'un super-ordinateur capable de déclencher une guerre nucléaire mondiale, comme dans le film *Wargames* de 1983, en plein conflit américano-soviétique. La menace est certes moindre sur ce plan qu'il y a trente ans, mais, dans le même temps, nos ordinateurs nous ont imposé de nouvelles responsabilités individuelles. Commençons par ce qui paraît évident, a priori...

La première règle absolue est de restreindre l'accès à l'ordinateur à soi seul. Pour cela, vous devez être le seul à connaître son mot de passe. Pour des raisons de sécurité, il convient de ne le partager avec personne, même avec votre conjoint. Les mêmes règles s'appliquent à votre smartphone.

« *Comment puis-je obtenir le mot de passe de mon mari ? Je sais qu'il me trompe et j'ai besoin de savoir la vérité.* » Cette question anodine est posée sur un forum en ligne et à laquelle certains répondent encore aujourd'hui avec des méthodes de « pirate » pour débutants. Vous êtes prévenu !

Au passage, sachez que 7 Français sur 10 utilisent régulièrement un seul et même mot de passe pour tous leurs comptes (banques, réseau social, messagerie...), selon une enquête de l'institut CSA de 2017. Apprenez à changer !

Les mises à jour du navigateur (le programme qui vous permet de « surfer » et d'ouvrir des pages) doivent être effectuées régulièrement, et le système d'exploitation (ce qui permet de faire tourner ensemble les différents programmes et logiciels de votre machine) ne doit pas être obsolète. En 2017, le virus « Wannacry » ciblait une ancienne version du célèbre système d'exploitation de Windows et infectait des centaines de milliers d'ordinateurs à travers le monde.

Quelques règles simples, dans cette bataille que vous devez mener face au risque de négligence :

- Commencer par installer un antivirus (BitDefender, Norton, ESET, AVG...), ils arrivent à bloquer de nombreux virus ou logiciels malveillants. Toutefois, ne refusez pas les mises à jour de la base de virus, et ne passez pas outre les mises en garde (formez vos enfants notamment).

- Il faut aussi activer le Firewall ou Pare-Feu en français, qui en surveillant les échanges de données avec Internet, est capable de vous alerter en cas de tentatives d'intrusions extérieures ou de flux de données étranges. Pour une meilleure sécurité, il peut être avantageux d'utiliser des logiciels spécialisés (GlassWire, ZoneAlarm, Comodo, WFC...) plutôt que le firewall par défaut fourni sur Mac ou Windows.
- Apprendre à régler les paramètres de sécurité de son navigateur pour éviter les sites vérolés (ceux qui sont truffés de logiciels malveillants). Les procédures varient bien selon le navigateur mais restent assez similaires. Trouvez un onglet « paramètres », ou « outils », qui vous permettra d'accéder à un menu. Chercher dans ce menu une section comportant des termes comme « confidentialité » ou « sécurité ».

Le reste est assez intuitif et permet de : gérer vos archives de navigation (l'historique de vos utilisations d'Internet), permettre ou non l'usage de « cookies » par les sites, bloquer les fenêtres « Pop ups » ou activer des contrôles parentaux. Tout ceci est expliqué dans cet ouvrage.

- N'oubliez pas, vous n'êtes pas seul face à l'écran ! Sur Google, lancez des recherches avec des termes comme « paramètres sécurité navigateur untel », ou « régler mon compte mail avec untel navigateur ». Le Web regorge de notices de ce genre, souvent bien faites.
- Créez différents comptes d'utilisateurs dans les paramètres de votre système d'exploitation. Vous pourrez ainsi faire une distinction entre les utilisateurs adultes ou enfants (accès restreint) et imposer des règles de contrôle parental, quant aux applications accessibles et à leur durée maximum d'utilisation journalière. En France, 53 % des parents le mettent en place. (Fédération française des télécoms avec Harris Interactive, 2017).
- Utiliser la double authentification pour vos services les plus sensibles (email...) : elle consiste à utiliser deux modes d'identification et de vérification complémentaires : un mot de passe puis une autre preuve d'identité. Généralement, vous recevez par email un code secret à rentrer dans l'interface pour prouver

votre identité. L'intérêt de cette technique est que si vous vous faîtes voler le mot de passe, le pirate devra avoir aussi accès à votre boîte email pour accéder à votre ordinateur Mais même cette méthode n'est pas infaillible. À l'été 2018, certains comptes anglophones de l'application de photos Instagram ont été piratés, et ce malgré la double authentification par SMS ou email (ceux-ci peuvent être interceptés). Instagram a annoncé travailler sur de nouvelles méthodes de double sécurité. Pour les plus prévoyants, il est possible d'utiliser en double authentification une clé de sécurité, qui s'insère au port USB de votre ordinateur (Yubikey, Neowave, Key-ID...).

Dans notre lexique sécurité: Cookies, NFC, Wifi, Bluetooth.

Pour aller plus loin: «Guide d'Hygiène informatique». ANSII (Agence nationale de la sécurité des systèmes d'information).

2 COMMENT SÉCURISER MON MOBILE ?

Une journée, 24 heures. C'est le temps, par mois, que nous passons sur les petits écrans de nos téléphones. Et avec 20 h 52 passées sur les seules applications du téléphone et 3 h 47 sur les sites, l'ordinateur devient largement secondaire (Médiamétrie/Netratings, mai 2017). Bien sûr, la sécurité d'un mobile a des points communs avec celle de son prédécesseur. Mais il est désormais d'un usage quasi permanent, voire addictif. Pire, il vous suit à la trace.

Désormais, des myriades d'applications (« apps ») sont disponibles sur ce support. Beaucoup sont gratuites et séduisantes, mais, en pratique, il est assez difficile de savoir concrètement ce qu'elles font. Accepter de les installer, c'est parfois faire entrer un cheval de Troie sur votre mobile (donnant au pirate les pleins pouvoirs sur votre téléphone), par leur nature même ou par des défauts dans leur programmation. Aussi est-il conseillé de limiter leur nombre, de vous enquérir sur les forums d'utilisateurs avant une installation, et de les mettre à jour régulièrement.

Évitez bien sûr les applications piratées, elles sont souvent infectées.

Idéalement, les interfaces sans-fil (Bluetooth et Wifi) ou utilisant la communication en champ proche (à proximité de quelqu'un ou d'un objet de type terminal) doivent être désactivées lorsqu'elles ne sont pas utilisées.

7 règles faciles à suivre pour votre sécurité :

- Personnalisez votre code PIN, qui protège de l'usage de votre carte SIM. Nous sommes encore nombreux à laisser le code par défaut, à savoir 0000 ou 1234. De la même façon, évitez les codes très simples, comme ceux basés sur votre date de naissance par exemple.
- Verrouillez votre téléphone avec un mot de passe. Si vous possédez un mobile équipé d'un lecteur d'empreinte digitale ou de la reconnaissance faciale. C'est la fonctionnalité de sécurité la plus sûre pour un terminal mobile. Sur Android : « Paramètres/Choisir Écran verrouillage/sécurité/choisir Mode de déverrouillage/choisir empreintes/suivre les indications pour enregistrer l'empreinte de son doigt ». Sur les iPhones, cela se trouve dans « Réglages » et « Touch ID ».

- Configurez le verrouillage automatique du terminal au bout de 5 minutes maximum d'inactivité.
- Là aussi, penser à mettre à jour votre système d'exploitation, comme sur un ordinateur fixe, c'est vital pour éviter les virus répandus sur mobile.
- Si le fabricant de votre téléphone les possède quoi qu'il arrive, protégez à minima vos données personnelles grâce au « chiffrement » ou cryptage (des systèmes d'exploitation sur mobile, – celui des iPhones d'Apple principalement –, propose le cryptage automatique des données. Pour les autres sous Android, il est possible de télécharger des applications tierces).
- En moyenne en France, nous installons un peu plus de 90 applications sur un téléphone, d'après les chiffres du spécialiste AppAnnie. Mais seulement une trentaine par mois sont utilisées, soit un tiers. Du coup, un geste simple : le nettoyage saisonnier.
- Enfin le problème de la localisation de votre téléphone. L'option permet de le retrouver, mais également de vous suivre à la trace, et vous pourriez vouloir soit la suspendre entièrement, soit empêcher certaines applications de faire remonter des informations personnelles. Pour désactiver la localisation sous Android : « Paramètres », puis « Sécurité et confidentialité », « données de localisation ».

Chaque application, souvent très curieuse, se commande de manière indépendante. Pour restreindre ces informations à certains de ces services : « Paramètres », « Applications », faites votre choix, puis « Autorisations », et retirer « Informations de localisation ». Dans de nombreux cas, vous ne pourrez toutefois le faire, parce que pour commander un chauffeur, une pizza ou une livraison, vous serez alors obligés de la réactiver.

Le principe est très similaire sur les autres systèmes, comme l'IOS d'Apple. N'oubliez pas que vous avez la main sur vos appareils, pas l'inverse : vous les contrôlez, sinon ils vous contrôlent…

Dans notre lexique : chiffrement, données de localisation.

Pour aller plus loin : ANSII « Note technique. Recommandation relative aux ordiphones ».

3 QUE FAIRE EN CAS DE PERTE DE MON MOBILE ?

Le vol de téléphone portable est une véritable petite industrie. Dans les grandes villes comme Paris, les vols sont fréquents et la revente auprès d'un complice peu scrupuleux est quasi immédiate. En 2014, les derniers chiffres officiels donnent 678000 vols de téléphone sur un an en France, soit près de 2000 par jour.

- Il faut d'abord suspendre votre ligne (vol/perte).
- Porter plainte en cas de vol. Il vous faudra fournir aux autorités le numéro IMEI du téléphone. Ce numéro est composé de quinze chiffres. Il figure sur l'étiquette du coffret d'emballage et votre espace client.
- Donner le plus de détails possibles dans votre dépôt de plainte, car cela pourrait permettre de faire jouer l'une de vos assurances (en vérifiant bien les conditions de votre police si possible, avant la rédaction de la plainte). Vous pourriez par exemple avoir une assurance contre le vol avec agression. Mentionnez donc précisément les circonstances du vol.
- Contacter l'assurance (si le cas de figure est couvert par votre police).

Certains opérateurs téléphoniques et revendeurs proposent une assurance permettant le remplacement du téléphone en cas de perte. Une franchise doit généralement être payée. Une telle assurance n'est pas obligatoire.

Si vous n'avez pas assuré votre téléphone, le lieu du vol lui-même (votre voiture ou votre domicile) peut parfois aussi vous faire bénéficier d'une assurance idoine. La carte bleue avec laquelle vous avez réalisé l'achat du téléphone peut aussi l'assurer, dans certains cas.

Généralement, il ne peut pas s'écouler plus de 48 h entre la perte et la déclaration de vol. La perte ou le vol d'un téléphone portable peut éventuellement constituer des cas permettant la résiliation anticipée d'un abonnement. Il faut vérifier si ce cas est prévu dans votre contrat.

Une fois votre ligne suspendue, vous pouvez généralement continuer à consulter votre répondeur depuis un autre téléphone. Pour cela, il suffit d'appeler directement votre numéro de mobile, ou de le renseigner après avoir appelé un numéro spécial, de taper # pendant l'annonce de votre répondeur, puis de suivre les instructions demandées.

Sachez que la plupart des appareils récents permettent d'effacer à distance vos données personnelles (photos, SMS...). Pensez à prendre les devants en sauvegardant régulièrement, vos données personnelles sur le Cloud de votre système d'exploitation ou de votre opérateur. En cas de perte ou de vol, vous accéderez à vos données en vous connectant via Internet.

À lire: https://www.service-public.fr/particuliers/vosdroits/F34123

4 QU'EST-CE QU'UN BON MOT DE PASSE ?

Le champion du monde des mots de passe, au moins depuis deux ans, est, sans surprise, « 123456 ». Il est suivi par « password » et sa variante « 12345678 » ou encore « iloveyou » (étude Splashdata, 2018). Hélas, un mot de passe raisonnablement sûr comporte un mélange de 12 chiffres et lettres, avec des minuscules et des majuscules, idéalement même des caractères spéciaux (@ & ! ...). Il est impératif que le mot de passe n'ait pas de lien évident avec soi, même si nous avons souvent l'intuition inverse. À proscrire donc : prénom, ou nom de proches, d'enfants, code postal, adresse, date de naissance...

Il faut établir au minimum un mot de passe « fort » pour ses services les plus exposés : les comptes PayPal et email, son accès bancaire en ligne, son mobile. Une déclinaison de ce mot de passe pourra être employée pour accéder à un gestionnaire de mots de passe (type « Dashlane » ou KeePassX), nous y reviendrons à la question suivante.

Un deuxième (ou troisième) mot de passe devra impérativement être utilisé pour les sites suspects ou à niveau de sécurité incertain (petits sites e-commerce...). Le fait d'avoir plusieurs mots de passe, que vous changez en plus régulièrement, vous évitera, par exemple, quelques sueurs froides si vous recevez par email le nouveau « scam » (arnaque) star de l'année 2018. En objet d'email, votre mot de passe justement et en texte : « *Nous avons accès à tous vos comptes et avons une vidéo de vous en train de regarder une vidéo pornographique, nous avons les meilleurs moments et allons l'envoyer à vos amis et votre famille si vous ne nous payez pas 500 €...* » « Sextortion scam », c'est le nom de cette nouvelle escroquerie opérée grâce au piratage d'anciens mots de passe.

En effet, lors du piratage en 2017 du site « Ashley Madison », spécialisé dans les rencontres adultères, les mots de passe de 11 millions d'usagers ont été piratés suite à une faiblesse dans l'encodage de ces mots de passe par le site. Il suffit alors aux pirates de tester ce mot de passe sur Facebook, Gmail, Amazon... pour accéder à de quoi vous extorquer.

Dès lors, comment créer un bon mot de passe ? Un bon mot de passe est difficile à retrouver même à l'aide d'outils automatisés. La force d'un mot de passe dépend de sa longueur et du nombre de possibilités existantes pour chaque caractère le composant. De ce fait, si quelqu'un tente de le découvrir, c'est techniquement beaucoup plus difficile.

Néanmoins, un bon mot de passe doit être facile à retenir pour rester fort. En effet, s'il est trop compliqué à retenir, l'utilisateur trouvera différentes (mauvaises) astuces comme par exemple, l'inscription du mot de passe sur un papier collé sur l'écran ou sous le clavier, lui permettant de s'authentifier. À éviter…

Rappelons-le, 81 % des attaques informatiques sur les données clients d'entreprises réussissent parce que les mots de passe sont faibles ou déjà été utilisés par leur propriétaire (Verizon Data Breach Investigations Report, 2017). L'ANSII, l'Agence nationale pour la sécurité informatique, préconise différents moyens mnémotechniques pour fabriquer et retenir des mots de passe forts :

- La Méthode phonétique :

  Cette méthode consiste à utiliser les sons de chaque syllabe pour fabriquer une phrase facile à retenir. Par exemple la phrase « J'ai acheté huit cd pour cent euros cet après-midi » deviendra ght8CD %E7am. C'est un très bon mot de passe.

- La Méthode des premières lettres :

  Cette méthode consiste à garder les premières lettres d'une phrase (citation, paroles de chanson…). En veillant à ne pas utiliser que des minuscules. Par exemple, la citation « un tiens vaut mieux que Deux tu l'auras » donnera 1tvmQ2tl'A.

Dans notre lexique : scam, hacking.

Pour aller plus loin : https://www.cybermalveillance.gouv.fr

5 COMMENT M'Y RETROUVER AVEC TOUS MES MOTS DE PASSE ?

Maintenant que vous êtes prêt à adopter la maxime : « *Traitez votre mot de passe comme votre brosse à dents. Ne pas laisser quelqu'un d'autre l'utiliser et en obtenir une nouvelle tous les six mois* » (Clifford Stoll, spécialiste américain du hacking), il vous faut gérer la multitude facilement.

Règle n° 1 : Apprenez votre mot de passe principal par cœur. Et ne le sauvegardez pas sur les navigateurs ou à fortiori sur les sites Web.

Il est envisageable de conserver une copie sur un papier chez soi comme aide-mémoire, même s'il est préférable à terme de n'en conserver aucune trace.

Un gestionnaire de mots de passe, votre « coffre-fort » numérique, est donc vivement conseillé pour conserver ses codes d'accès. Ces coffres existent sous différentes formes : au niveau du navigateur, via un logiciel à télécharger, et à installer sur vos appareils ; ou comme des services en ligne, généralement basés dans le cloud. Ils s'intègrent ensuite comme une extension sur votre navigateur ou sont natif au système d'exploitation (le trousseau sous Mac).

Pour les offres en ligne, il vous faut faire confiance au niveau de sécurité mis en œuvre par l'entreprise qui va bien sûr vous assurer que c'est une forteresse imprenable. Elles ont toutefois un avantage : vous évitez les problèmes de portabilité (le fait de passer d'un appareil à l'autre) et la perte pure et simple de vos accès.

La sécurité des sites d'envergure étant en principe solide, cette méthode reste intéressante. Un mot de passe fort doit bien sûr protéger votre accès à ces gestionnaires. Les plus connus sont : Dashlane, Keepass, LastPass, Keeper, LogMeOnce…

Si nécessaire, il est possible de noter son mot de passe sur son portable dans un endroit tenu secret (en note, sous l'adresse d'un contact de son carnet d'adresse par exemple). Il est impératif de ne jamais communiquer son mot de passe, y compris à ses proches.

Dans notre lexique : code PIN.

6 QUE FAIRE EN CAS DE PERTE DE MON MOT DE PASSE ?

Nous ne sommes pas encore tous comme Ethan Hunt, l'agent secret de « Mission Impossible » dont la pratique du digital lui permet de s'identifier par simple reconnaissance oculaire. Mais nous n'en sommes pas si loin : certains iPhones et Samsung utilisent déjà des technologies de reconnaissance faciale, d'ici à ce que nos yeux ou nos visages deviennent la norme de sécurité, il n'y a qu'un pas. À quoi pourra alors bien servir un mot de passe ? Pour l'heure, il reste un passage obligé sur Internet. Et le perdre peut vous fermer les portes de votre mail, de vos comptes bancaires, de vos appareils en eux-mêmes.

La plupart des services avec le fameux « Mot de passe oublié ? » permettent la récupération du mot de passe par email, d'où l'importance de bien protéger sa boîte email avec un mot de passe « fort » et la double authentification.

La boîte email elle-même, permet souvent de lier un autre compte email ou un numéro de mobile. Penser à ce paramétrage peut vous sauver de désagréments importants.

Il y a le cas particulier du gestionnaire de mot de passe que nous évoquions (voir 5 « Comment s'y retrouver avec tous mes mots de passe ? »). Ayant pour but la sécurité de vos différents codes d'accès, il est particulièrement sécurisé. Ainsi, la récupération d'un mot de passe principal peut être compliqué, voire impossible.

Cela varie en fait selon le logiciel, mais sachez que plusieurs éditeurs, comme Dashlane ou 1password, ne possèdent pas de moyen pour vous permettre d'accéder à vos mots de passe, si vous avez oublié votre accès principal. D'autres services, comme LastPass, vous permettent, selon certaines conditions, de créer un mot de passe à usage unique pour accéder à votre compte. Vous devrez pouvoir vous connecter avec une machine déjà utilisée pour ce faire, et utiliser votre email enregistré par le service. Dans tous les cas, prenez soin de regarder les conditions de sécurité offertes par logiciels de stockage de mot de passe.

Vu le risque et l'importance du mot de passe principal, c'est bien le seul qu'il est conseillé d'écrire et de cacher dans un endroit sûr. Vous pouvez même le chiffrer dans un fichier quelque part, mais alors vous aurez besoin de la clé de chiffrement. Vous pouvez aussi l'écrire sur un bout de papier et le dissimuler, mais ne le laissez pas à côté de votre appareil.

7 QUE FAIRE EN CAS DE PERTE DE MON MOT DE PASSE WINDOWS ?

400 millions. C'est le nombre d'utilisateurs actifs aujourd'hui de la version Windows 10, d'après Microsoft, cité par le média *The Verge*. Et sur l'ensemble des versions de la célèbre firme, le chiffre est encore plus impressionnant : ils seraient 1 milliard d'utilisateurs. Autant dire que la question concerne toujours plus de monde.

Dans le cas d'un mot de passe Windows, deux possibilités existent.

Soit c'est un mot de passe local, vous permettant simplement l'accès à votre appareil, soit c'est un mot de passe de compte Microsoft vous permettant d'accéder à différents services Web en ligne.

Dans ce dernier cas, une session ouverte, un mot de passe enregistré dans le navigateur peut vous permettre une procédure de réinitialisation (reset) de votre mot de passe, c'est-à-dire leur annulation et leur recréation par vous. Un peu comme lorsque vous perdiez de manière incongrue une partie aux jeux vidéo vous faisiez « reset » ni vu ni connu pour éviter le « game over ».

Si vous êtes connecté avec un autre appareil que votre machine principale, un code d'accès peut vous permettre par exemple d'accéder à votre session. Dans ce cas faites bien sur une copie de vos mots de passes avant de clore ladite session.

Dans le cas d'un mot de passe local, renseigné uniquement sur la machine que vous employez, vérifiez si un compte administrateur n'existe pas sur cette machine. Il autorise là aussi une réinitialisation des mots de passe.

Avant tout problème, il est souhaitable avant de créer un « disque de réinitialisation de mot de passe » (le disque est en réalité une clé USB externe qui vient sauvegarder). Chaque utilisateur d'une machine devant créer le sien, possiblement sur la même clé. Pour poursuivre l'analogie avec le jeu, c'est un peu votre carte d'immunité.

Cela implique donc de brancher un support de ce genre, et de trouver le fonction « Create a password reset disk »/« créer un disque de réinitialisation du mot de passe ».

Les procédures peuvent légèrement varier selon la version de Windows employée. En général aller dans « panneau de contrôle » puis « compte utilisateur ». Peu importe le nombre de fois que vous changez votre mot de passe, cette sauvegarde vous permettra toujours d'en créer un nouveau.

Enfin, des logiciels gratuits, type « Windows Password Recovery Tools » existent pour vous permettre de récupérer vos mots de passe Windows.

Ces logiciels peuvent être enregistrés sur des supports type USB et utilisés au démarrage. Les solutions pour éviter le trou de mémoire fatal sont donc multiples.

8 QU'EST-CE QUI POURRAIT REMPLACER LE MOT DE PASSE ?

Nul n'est à l'abri d'oublier un mot de passe. Cela, malgré la profusion de services de gestionnaire ad hoc que nous avons évoqué précédemment. Ces mêmes services sont d'ailleurs parfois aussi piratés. À cela s'ajoute des comportements peu enclins à changer, alors même que nous sommes informés des dangers. À Londres, 45 % des professionnels – travaillant dans le secteur de la sécurité – ont admis en 2018 réutiliser un ancien mot de passe ! Le comble de l'hôpital et de la charité, ou du cordonnier le plus mal chaussé !

Il n'est donc pas étonnant que les Microsoft et autres Google annoncent depuis des années l'obsolescence du mot de passe et son prochain remplacement.

Si de nouvelles techniques ont fait leur apparition ces dernières années, d'autres relèvent encore du prototype.

Aujourd'hui, les connexions sécurisées, comme celles utilisées par les banques, nécessitent souvent plus qu'un identifiant et un mot de passe. Ils tendent également à exiger l'entrée d'un code d'accès unique, qui est généralement envoyé à votre téléphone par SMS ou par e-mail. Ceci est communément appelé la double authentification, car il combine quelque chose que vous connaissez (votre mot de passe) avec quelque chose que vous avez en votre possession, comme votre téléphone.

Mais la grande révolution à venir sera du côté de la découverte de l'usager ; par la biométrie d'abord, par l'étude de son comportement ensuite.

La reconnaissance par empreintes digitales est déjà installée sur des millions de téléphones et tablettes. Vous pouvez régler vos appareils pour s'ouvrir sur cette fonction plutôt que sur un mot de passe. Un déblocage par localité est aussi possible : vous choisissez du doigt un lieu sur une application de type carte. L'identification de ce lieu ouvre l'accès à votre appareil.

Mais les possibilités ne s'arrêtent pas là. Reconnaissance des traits du visage, de la voix, du réseau veineux sous votre peau : vous allez être scrutés sous toutes les coutures pour vous éviter de devoir faire jouer votre mémoire.

Il semble que la sécurité du futur sera d'accumuler plusieurs couches d'identifications simples à mettre en œuvre pour l'utilisateur. Voilà vers quoi s'orientent les rois des technologies de l'information. Des programmes comme «Abacus» de Google, encore en projet, cherchent à établir un «score de confiance» basé sur des facteurs variés, incluant votre manière de taper au clavier, votre location, votre manière de parler, entre autres.

Il vous jaugerait donc de la tête aux pieds, un peu comme un autre être humain, ou non, le ferait pour vous identifier.

Allons encore plus loin. Puisque nous sommes déjà à l'ère des assistants personnels et des nouveaux robots, nous converserons probablement bientôt avec un programme d'intelligence artificielle qui n'obéira qu'à notre voix et à nos besoins de privacy...

COMMENT PROTÉGER MA BOÎTE MAIL ? 9

On peut être Secrétaire d'État de la première puissance mondiale, faire campagne pour le poste suprême et perdre inéluctablement l'élection de président des États-Unis... à cause d'une simple histoire de boîte mail. Aussi étonnant que cela puisse paraître, c'est pourtant ce qui est arrivé en 2017 à la candidate Hillary Clinton, alors adversaire de Donald Trump mais emberlificotée dans une histoire de messagerie personnelle sur laquelle elle recevait des informations gouvernementales. Outre-Atlantique, c'est non seulement illégal mais c'est aussi dangereux pour les informations secret Défense.

L'histoire montre que toute la sécurité d'un compte email repose en grande partie sur la sécurité du serveur qui l'héberge. La première question à se poser est donc « ce serveur mail est-il à même d'assurer la sécurité des informations que j'y stocke ? »

Sans surprise, les géants tels Yahoo ou Gmail sont a priori des choix plus sûrs que les petites structures. Leurs défenses sont régulièrement mises à jour.

Il n'y a pas grand-chose que vous puissiez faire au-delà de ce choix pour des serveurs que vous ne contrôlez pas, mais il existe en revanche des réflexes pour minimiser le risque de voir votre boîte mail piratée ou infectée par des malwares (voir 85 « Qu'est-ce qu'un maliciel et comment les éviter ? »).

Tout d'abord, attention aux pièces jointes. Ne les ouvrez jamais inconsidérément, demandez-vous toujours ce qu'elles sont et qui les envoie. Des attaques sur les boîtes et serveurs mails peuvent inclure des usurpations d'identité. Les pirates se prévalent donc du nom d'un de vos contacts et parfois même des organismes officiels (Assurance maladie, Impôts...) En cas de doute, si vous n'attendiez aucun document de leur part, n'hésitez pas à appeler pour confirmer. Si un ami nie l'envoie, vous lui rendrez alors le service de l'informer de l'infection de sa boite mail.

En tout état de cause, faites de toute façon scanner toutes les pièces jointes par un bon anti-virus.

Les principaux serveurs mails donnent enfin cette liste de mesures préventives :

- Familiarisez-vous avec l'onglet « sécurité » de votre compte mail. Quelles applications ont accès à votre boîte ? Quels sont vos paramètres de sécurité ?
- Mettez à jour vos options pour retrouver vos identifiants mail. (Attention à ne pas rendre la procédure trop simple !)
- Dans votre compte, toujours sélectionnez l'option « double authentification » si elle est disponible (elle le sera toujours sur les gros fournisseurs de messagerie). Elle implique lors de l'ouverture d'une nouvelle session de s'identifier à la fois par un mot de passe et un code envoyé par email ou SMS.
- Mettez à jour votre navigateur régulièrement.
- Sur des ordinateurs publics, toujours se déconnecter de sa session. En passant, pensez à lancer le navigateur en « navigation privée » à défaut effacez les traces de votre connexion (historique, cache et cookies).

Si vous respectez tout cela, vous deviendrez peut-être alors, président des États-Unis.

Dans notre lexique : malwares.

En 2018, sur la planète, nous étions 4 milliards d'individus connectés à Internet. Surtout, nous sommes plus de 5,1 milliards de possesseurs de téléphones mobiles (Global Digital Report, We Are Social/ Hootsuite) ; un outil que nous utilisons pour travailler, immortaliser nos souvenirs ou pour égayer notre créativité.

Résultat, ces clichés deviennent rapidement et vidéos deviennent rapidement des dizaines, voire centaines de giga-octets stockés sur nos disques durs encombrés (pour être exact, 3934500000000 photos stockées hors ligne en 2017, selon InfoTrends), un stock qui s'accroit d'autant plus vite que les résolutions des appareils augmentent. Mal archivées, mal protégées, ces photos et vidéos peuvent être une source d'embarras en cas de piratage, voire de désespoir en cas perte du support numérique ou elles ont été stockées.

Plusieurs solutions existent pour éviter les mauvaises surprises.

On peut tout d'abord dupliquer les photos et vidéos sur un support externe (USB ou disque dur), mais choisissez un support de qualité, garanti pour sa durée de vie. L'idée étant qu'il est rare que deux supports (le disque dur de votre PC et l'externe) meurent en même temps.

Ces solutions sont sûres, mais moins commodes que de passer par des services en ligne. Force est de constater qu'avec 1,2 trillion de photos prises sur les téléphones en 2017, selon une estimation (InfoTrend), ces entreprises de stockage en ligne ont un bel avenir devant elles.

Sur le Web, une fois chargées, vous pouvez alors soit les partager avec le public soit avec des personnes de votre choix. Ces services peuvent être payants ou non, en général selon le volume de mémoire disponible au stockage ou à l'upload.

Une liste partielle de ces services avec leurs caractéristiques les plus saillantes :

- GooglePhotos : le site du géant de Mountain View propose une capacité de stockage illimitée (avec une taille maximum de 16 mégaoctets pour les photos, et une qualité maximum de 1080p pour les vidéos). Le site analyse et classe automatiquement les photos stockées selon les personnes qui apparaissent dessus, les endroits mais aussi selon les objets présents sur les photos. Toutefois, pour une qualité de photos supérieure et une capacité de stockage d'un terabyte, le service devient payant. Il existe aussi Google Drive, un espace de stockage encore plus simple.

- Joomeo : propose de commander des impressions de vos photos sur différents supports.
- Dropbox : utilisé pour tout type de fichiers, gratuit jusqu'à 18 giga-octets.
- ou encore Amazon Drive, Google Drive, Microsoft OneDrive (certaines offres sont gratuites)

Un problème majeur est la possibilité que même des sites sérieux puissent un jour devoir mettre la clé sous la porte, comme Hiboox cette année. Vous aurez en principe alors le temps de re-télécharger vos photos. En principe seulement... Cette question a pour effet de favoriser les acteurs majeurs, type GooglePhotos.

Si cela vous pose problème, optez pour les solutions de stockage individuelles, c'est aussi souvent moins cher.

Mais attention, vous n'êtes jamais à l'abri d'une catastrophe naturelle (incendie, cambriolage, vétusté...) qui viendrait endommager vos matériels de stockage. La meilleure chose à faire est donc de stocker des copies de vos photos sur plusieurs supports et espaces, chez un proche par exemple.

COMMENT PROTÉGER MES IMAGES ? 11

Nous n'avons certes pas tous des photos compromettantes sur les services de photos en ligne, à l'instar de certaines célébrités américaines, telles Jennifer Lawrence, Rihanna, Avril Lavigne... Entre 2013 et 2014, les comptes iCloud (le service de stockage proposé par Apple) de ces « people » ont eu le malheur de croiser les agissements d'un jeune hacker de 26 ans qui ne s'était pas gêné pour diffuser ensuite les contenus (très) privés trouvés sur le service, après piratage.

Sans être une star du showbiz, vos photos, le lieu où vous vivez, là où vous travaillez, vos enfants, ou les traces de vos achats : tout cela mérite d'être protégé.

La solution la plus évidente est de crypter – avec une clé – ses données, son disque dur, ses supports externes type USB, aussi bien que celles stockées en ligne sur le cloud. Il s'agit tout simplement de faire en sorte que les données ne puissent pas être utilisées par une personne tierce ou sur un autre ordinateur, sans le précieux sésame.

Windows intègre par exemple un outil de cryptage (cliquez droit, puis Propriétés et dans l'onglet général, sélectionner Avancée. Il suffit alors de cocher Chiffrer le contenu pour sécuriser les données). Les logiciels dédiés ne manquent pas par ailleurs : DiskrCryptor (anglais) ou AxCrypt (multilingue) vous permettront de protéger efficacement vos données sensibles par un mot de passe. Axcrypt permet également de supprimer de façon définitive un fichier en l'effaçant puis en inscrivant des données aléatoires sur le disque. Impossible alors de retrouver la moindre trace du fichier supprimé. Aussi : VeraCrypt, DiskCryptor, GPG4Wi, TrueCrypt...

Il est à noter qu'en cas de perte de votre fichier clé, vous ne pourrez plus ouvrir les fichiers que vous avez cryptés. N'hésitez donc pas à conserver une copie de sauvegarde de votre clé et à imprimer le contenu du fichier clé (via l'outil bloc-notes, en déroulant le menu Fichier, puis Imprimer) et à le mettre en lieu sûr.

Pour ce qui est du stockage dans le Cloud, le mieux est de se renseigner sur la fiabilité du site par une recherche en ligne.

Enfin, vous pouvez aussi décider que chacun des fichiers personnels soient cryptés avec une clé différente, pour plus de sécurité. À vous ensuite de conserver ce trousseau de codes.

Dans notre lexique : clé (de chiffrement).

12 PEUT-ON FAIRE CONFIANCE AU « CLOUD » ?

Jusqu'ici, vous aviez entendu parler des « data centers », ces grandes fermes à données s'étalant sur des kilomètres de hangars. Mais à l'aube d'un monde d'objets et de voitures connectées, demain, nous produirons d'ici 2021 un trafic de 19,5 zettabytes par an ; c'est plus de trois fois qu'en 2016 (Global Cloud Index/Cisco, 2017). Nous aurons alors besoin d'aller encore plus loin avec une nouvelle version encore plus puissante qui se multiplient déjà : les « Hyperscale Data Center ».

Ces data centers sont le cœur du réacteur du « cloud computing », ou informatique en nuage qui consiste à employer des serveurs distants par le biais d'un réseau informatisé. En pratique, ces services vous permettent de stocker et gérer vos données sans devoir investir dans davantage d'équipements. Cela peut vous faire faire des économies sensibles, en temps comme en argent. Ce système peut vous offrir aussi des sauvegardes toujours bienvenues pour vos données.

Mais est-ce sûr ?

Confier ses informations à quelqu'un d'autre d'accord, mais ces informations pourraient être perdues, corrompues ou volées.

Pour faire face à ces risques, il faut vous soucier de la manière dont les entreprises concurrentes protègent vos données.

Les acteurs ne manquent pas : Amazon, SFR, Orange, Google, IBM, Intel, Microsoft, tous les géants, et beaucoup d'autres, DropBox, Box, Mega…

Le chiffrement de ces données est une première étape nécessaire. Le fait de pouvoir disposer de sa propre clé de cryptage peut être un plus.

Certaines compagnies, offre le « sharding » de vos informations, soit la distribution de celles-ci en plusieurs ensembles, chiffrés et stockés à différents endroits. Cela vous assure que si une personne accède aux serveurs de l'entreprise, elle n'aurait alors en sa possession que des blocs d'informations illisibles.

En dépit des assurances affichées, certaines attaques réussies ont pris pour cible des grands du domaine il n'y a pas si longtemps. Dropbox, Google Drive, Box, entre autres en ont fait les frais.

Faire confiance sur le net est toujours une étape importante, vous devez faire coïncider le niveau de sécurité souhaité pour vos données avec les garanties offertes.

- Pour choisir votre prestataire, la réputation est un bon indice. Prenez le temps de vous enquérir de lui, au moins sur le net.
- Vérifier la manière dont les données sont stockées : Y a-t-il une redondance dans les copies de vos informations ? Certains services offrent de conserver des copies de vos données dans trois différents serveurs. Les données sont-elles encryptées et avec quel niveau de sécurité ?
- Comment peut-on accéder aux fichiers ? Les connexions sont généralement sûres et elles permettent également de mettre des fichiers à dispositions de contacts sans avoir besoin de transmettre des pièces jointes.
- Enfin, vous pourriez dire : « *Je veux un service cloud avec des serveurs en France (ou en Europe), parce que je suis Français Madame !* » Une bien belle intention, mais quelque peu illusoire à l'heure des géants américains du stockage (et aussi chinois). Même au niveau de l'État on le concède ; il faut « renforcer la souveraineté numérique » et « la maîtrise de ses données ». En réalité, cet immense marché public des données administratives sera bien ouvert à tous, étrangers compris…

D'ailleurs, on attend 621 Hyperscale Data Center d'ici 2021 (Cisco). En recoupant avec d'autres données, on apprend que ceux-ci seront principalement situés aux États-Unis et en Asie.

Dans notre lexique : Hyperscale Data Center, sharding.

13 COMMENT CHERCHER L'INFORMATION SUR GOOGLE ?

Vous n'êtes pas encore le Jackie Chan de la recherche Google ? Qu'à cela ne tienne, le « Google Fu » est une expression idiomatique qui offre justement une compétence dans l'usage de moteurs de recherche (Google en particulier) permettant de trouver rapidement les informations qui vous sont utiles. Le nom vient d'une analogie avec le Kung Fu, supposé requérir maîtrise et agilité.

Voici quelques trucs pour faciliter vos recherches :

- D'abord, Google ne tient pas en général compte des signes de ponctuations, de la casse (majuscule/minuscule) et des conjonctions.
- AND : l'opérateur par défaut, remontent les résultats avec tous les mots recherchés (« prêt AND immobilier » est identique à « prêt immobilier »).
- OR : affiche les résultats pour l'un ou l'autre des mots, utile principalement pour faire des combinaisons complexes (ex : « (philippe OR gilles) lellouche », affiche tous les résultats pour les 2 artistes).
- Guillemets (« ») : Les guillemets permettent de rechercher l'expression exacte («).
- le tiret - (moins) devant le mot, permet d'exclure des mots de la recherche. Utile pour éviter des résultats dans des catégories proches. (Exemple : « Jackson-michael » pour avoir les résultats à « Jackson » sans ceux sur Michael Jackson).
- L'Étoile (*) : Utiliser une étoile en substitut d'un mot oublié. S'utilise pour retrouver un titre ou une expression ou dans des combinaisons complexes (la recherche « remporte le * de tennis-table » affiche les résultats des vainqueurs de tournois/championnats/challenges/master de tennis, mais pas de tennis de table).
- Pour rechercher un type de fichier exclusivement, il vous faut ajouter *filetype* : suivi de l'extension désirée (jpg, png, pdf...).

Vous pouvez aussi :

- Régler vos paramètres de recherche en passant par la fonction « recherche avancée », accessible par le lien des paramètres en bas de page à droite.
- La partie des « Outils » de la recherche est assez passionnante dans la mesure où vous pouvez aussi régler une « date personnalisée » des pages de résultats. Par exemple, vous cherchez à savoir ce que l'on disait sur l'occurrence « Internet » sur le Web francophone, uniquement entre les années 1995 et 1997. Croyez-nous, ça vaut le détour…
- Affiner aussi la recherche d'images. La recherche d'images avancée vous permet d'affiner les résultats. Cliquez sur « Images » puis « Outils de recherche ». Vous pouvez choisir la taille de votre image, sa couleur, son type…
- Afficher plus de résultats par page dans la recherche Google.
- Rechercher une image en postant l'URL ou le fichier image dans le formulaire de recherche de Google Images.
- Utiliser le lien sous la petite flèche du résultat pour accéder à la version « en cache » (plus légère et parfois antérieure), c'est-à-dire l'enregistrement par Google du contenu d'une page Web.

Notez que Google personnalise les résultats en fonction de votre localisation, basée sur votre adresse IP (l'adresse physique de votre machine). Si vous souhaitez obtenir des résultats plus pertinents en fonction de votre lieu de connexion, indiquez-lui où vous vous trouvez en passant par les paramètres.

14 COMMENT BIEN UTILISER LES OPTIONS DE RECHERCHE GOOGLE ?

Google n'est pas uniquement là pour prendre vos données. Depuis sa création en 1998, il a à cœur de montrer qu'il a un semblant d'âme et qu'il vous comprend. C'est pour cela que, de temps à autre, sur la page de recherches, vous verrez son logo changer occasionnellement, grimé au jour de l'Histoire que l'on célèbre (des drapeaux bleu-blanc-rouge pour le 14 juillet, le petit camembert jaune pour l'anniversaire du jeu Pac-Man, des cœurs pour la Saint-Valentin...).

Et au-dessus des résultats de recherche habituels, Google essaye de mieux vous comprendre avec la « Google one box ». Il peut ainsi vous donner une réponse, que son algorithme considère pertinente en fonction de ses analyses. C'est aussi une suggestion pour continuer votre recherche sur cette nouvelle base.

Avec les résultats OneBox, vous pouvez rapidement trouver la météo, apprendre ce qu'est un médicament, jeter un coup d'œil à une discographie de musiciens, et même trouver des dates de sortie pour des films.

Quelques exemples de son fonctionnement :

- Pour obtenir Instantanément les Discographies et Filmographies d'artistes Il suffit de taper « [artiste] [films ou albums] ».
- Pour des sorties ciné « [nom du film] [date de sortie] » pour la date, et « [nom du film] [code postal] » pour les séances à proximité.
- Taper « [Météo] [Nom de votre ville] » pour les prévisions climatiques.
- Pour faire un calcul, il vous suffit de taper celui-ci dans la barre de recherche, ou de rechercher [calculateur] pour faire apparaître le calculateur Google.
- Pour les conversions, entrez le nombre suivi de [euros] puis de [dollars], par exemple. Cela marche pour les conversions de devises, ou de mesures de tout type (des mètres carrés en « feet », etc.).
- Vérifiez les cours en Bourse d'une compagnie, en rentrant le nom simplifié de sa cotation, ou son [nom] suivi de [stock].

- Utiliser Google translate pour traduire un texte entre deux langues (des dizaines disponibles). Si elle est encore imparfaite, la qualité de traduction s'est nettement améliorée ces dernières années.
- En entrant un mot, vous pouvez généralement avoir accès à une fonction dictionnaire, avec phonétique et définition, voire prononciation audio.
- Pour obtenir un itinéraire, vous pouvez entrer les noms de deux localités reliées entre eux par [à]. Et cela sans avoir à passer par l'application dédiée GoogleMap.
- Pour obtenir les résultats sportifs d'une équipe, il vous suffit de rentrer son nom.
- Vous pouvez obtenir des graphes en renseignant l'équation correspondante.
- Si vous souhaitez retrouver votre adresse ip, il vous suffit d'entrer [IP address] dans la barre de recherche.

Enfin, Google utilise des encarts spécifiques pour de grands événements type Coupe du Monde ou Jeux Olympiques. D'autres astuces sont à retrouver sur le blog « Lifehacker ».

Si cette faculté à nous comprendre et à nous devancer impressionne déjà, elle préfigure une nouvelle ère ; celle de l'intelligence artificielle et de l'assistant automatisé, capable d'interpréter toutes nos demandes. Nous n'aurons plus besoin de rentrer les informations à la main, quelques mots ou un regard suffisent déjà...

15 COMMENT ÉVITER LE PISTAGE PUBLICITAIRE ?

« Ce que vous recevrez gratuitement coûte trop cher », disait Jean Anouilh, écrivain. De fait, si tout semble gratuit sur le Web depuis son avènement (mis à part de payer votre accès Internet), rien ne l'est en fait réellement. La plupart des sites gratuits, doivent en fait se rémunérer grâce aux revenus générés par la publicité. Pour optimiser les revenus, les sites peuvent afficher plus de publicités ou mieux cibler les internautes (plus la cible est claire, plus l'annonceur est prêt à payer cher).

Au départ, il s'agissait du dépôt d'un simple cookie sur le navigateur, qui permettait de suivre votre navigation anonymement. Mais rapidement Facebook, Google ou d'autres, l'ont lié à d'autres informations (profil Facebook, YouTube…).

C'est pourquoi, les cookies aujourd'hui sont vus comme des mouchards.

Un progrès n'arrivant jamais seul, différentes méthodes existent pour réduire cette nuisance.

- Pour commencer, vous voulez partir d'une table rase. Éliminez toute trace de vos recherches passées. Dans vos « Préférences » (sur le navigateur Chrome), effacez toutes vos données de navigation, l'histoire, le cache et les cookies de vos navigateurs Web.
- Passez en mode navigation privée. Tous les principaux navigateurs Web – Chrome, Edge, Firefox, Internet Explorer, Safari et Opera – ont une navigation privée ou incognito. Activer cette fonctionnalité signifie que votre navigateur ignorera les cookies, y compris les cookies de suivi des publicités. Votre ordinateur n'enregistrera pas votre historique de navigation, presque comme si vous n'étiez jamais en ligne.

Conseils pratiques pour bloquer les cookies, voici la procédure pour quelques navigateurs, en 2 ou 3 cliques :

- **Chrome** : haut à droite, Préférences, Paramètres avancés, Paramètres contenus. Vous pourrez ensuite bloquer les cookies.
- **Safari** : en haut à gauche, préférences, privacy : vous pourrez modifier vos réglages concernant les cookies.

- **Firefox** : en haut à droite :
  - Options.
  - Vie privée pour vérifier que la protection contre le pistage est activée, ou supprimer ses cookies.
  - Contenu pour les pop-ups (ces pages miniatures qui apparaissent lors de votre navigation).
- Plus radical, vous pouvez installer la nouvelle star du Web : un bloqueur de publicités ou ad blocker, tel Ublock ou Adblock à installer sur votre navigateur (IE, Edge, Chrome, Firefox...). Vous ne serez pas le premier, Adblock, le plus populaire, revendique 1 milliard de téléchargements de son application. C'est un vrai jeu du chat et de la souris qui s'est installé sur le net ; les uns criant à l'assassinat d'un fragile équilibre économique, les autres aux gougnafiers de la navigation « propre ».
- Privilégier un adblocker qui « s'éteint » facilement car de plus en plus de sites, pour justifier leur gratuité et leur modèle économique, vous empêche de voir le contenu si ils détectent votre bloqueur. Il faut donc régulièrement le passer en off, puis « rafraîchir » la page.
- Sur Facebook, vérifier aussi votre « ad preferences page » et votre « account page » sur Google.
- Quelques outils de confidentialité : Essayez NoScript Security Suite pour Firefox ou ScriptSafe pour Chrome, qui empêche l'exécution des éléments intrusifs et gênants sur les sites Web. Parmi les autres bonnes options : Privacy Badger, qui bloque les cookies de suivi de tiers, tout en permettant à vos « extensions » ou options de continuer à fonctionner, et Disconnect, qui propose des extensions de programme gratuites fonctionnant de manière similaire. Également Ghostery, une extension pour naviguer de manière invisible, disponible pour Chrome, Firefox, Opera et Microsoft Edge.

16 COMMENT REPÉRER LES PRINCIPALES ARNAQUES ?

Tous les pays du monde sont touchés, et chaque jour, des millions s'évaporent vers les comptes d'escrocs. C'est le résultat de l'envoi de faux e-mails pour vous « hameçonner », aussi appelé « phishing » car l'expéditeur « pêche » vos informations personnelles. Rien que sur la première moitié de 2017, l'anti-virus Kaspersky Lab avait compté 51 millions d'attaques au phishing bloquées quand celles sur le mobile, le « smishing » (par SMS), affichaient, elles, +250 % de croissance. Plus inquiétant, 95 % des cyber-attaques réussies ont été opérées… grâce au phishing (Ironscale/2017).

Tout commence donc par un email dont le destinataire vous semble tout à fait respectable : Apple, iTunes, Amazon, SNCF, impôts.fr ou même votre ami « Jean-Charles Dupont »… Vous apprenez que vous devez impérativement régler une facture, ou plus pernicieux, votre mutuelle vous annonce 550 euros de remboursement de frais médicaux. Après toutes les relances que vous avez faites par le passé, cela doit être vrai !

Mais ne vous y trompez pas, leur but est bien sûr de vous inciter à révéler à votre insu vos informations personnelles, financières ou de compte. Pour cela, dans l'email qui imite parfaitement les codes graphiques et textuels d'un vrai, on vous demande de cliquer sur un lien pour visiter un site faux ou vérolé. Ces courriels dits « d'hameçonnage » peuvent également contenir des pièces jointes qui installent des logiciels malveillants sur votre ordinateur dès que vous les avez ouverts.

De manière générale, méfiez-vous quand l'email insiste sur la notion d'urgence. De même, on n'a encore jamais vu un internaute gagner de l'argent grâce à sa correspondance avec le Père Noël… Vous pouvez donc prendre quelques minutes pour réfléchir.

Si le mail vous invite à cliquer sur un lien, passez le curseur de votre souris sur ce lien pour le faire apparaître. Cherchez ensuite les résultats associés à ce lien, ou à l'intitulé de ce mail dans le moteur de recherche. Si c'est une arnaque, il y a de fortes chances que vous en trouviez mention parmi les résultats.

Le curseur peut aussi vous donner une autre indication : si l'email provient de qgh4546jKLjkljlkdjgjùa335@apple.com/…@impots.ro/… @paypall.com : c'est très douteux. Souvent, les faux emails laissent aussi passer des fautes d'orthographe révélatrices ; à une ou deux lettres près vous pouvez être alerté.

Quand c'est une personne que vous connaissez qui vous écrit : S'il vous demande de l'argent, appelez-le directement. S'il vous envoie une pièce jointe que vous n'attendiez pas, répondez-lui via un autre canal (sans passer par l'option « répondre ») par une question à ce propos. Vous serez ainsi fixé.

Un petit best-of des appâts les plus couramment utilisés pour le phishing :

- « Votre compte va être suspendu » : Pour vérifier, ne passez surtout pas par le lien, passez par vos favoris ou votre moteur de recherche pour accéder à votre compte.
- « Vous avez gagné ». Avez-vous joué ?
- « Vous avez été (trop) payé » : vérifiez tout de suite sur votre compte de paiement ou bancaire.

Dans notre lexique : phishing.

17 COMMENT PROTÉGER MA VIE PRIVÉE SUR FACEBOOK ?

Internet regorge d'histoires de salariés licenciés à cause des contenus qu'ils ont posté sur Facebook. Tantôt, c'est une employée britannique en 2009 qui fait des critiques acerbes sur son patron (tout en ayant oublié qu'elle l'avait auparavant ajouté dans sa liste d'amis). Oups ! Tantôt des histoires d'arrêt maladie, tout en partageant des photos sous les tropiques ou de soirées trop arrosées...

Mais l'expression « vie privée en ligne » ne forme-t-elle pas le parfait oxymore ? Sans doute, il n'en reste pas moins que les réseaux peuvent être la source de problèmes sérieux : c'est votre image qui est mise à la merci de nuisibles potentiels. Certes champions dans la capacité à vous connecter avec le monde extérieur (tout en étant gratuits), les réseaux sociaux sont aussi un outil très simple pour vous pister, vous et les vôtres. Il faut donc se protéger afin d'éviter les mauvaises surprises.

Le premier des conseils est de prendre votre temps. Car 30 minutes, c'est le temps minimum que nous estimons pour configurer votre compte sur Facebook, le leader dans les couches de complexité et autres ramifications de paramétrages divers. C'est plus léger sur les autres réseaux, encore qu'il faille aussi leur consacrer ce temps de vérification. Mais Facebook, vous pourrez le constater, détient la palme des options anxiogènes en matière de protection de la vie privée. En France, sachez que l'on passe en moyenne 18 h 24 minutes par mois sur Facebook (Verto Analytics/2017). Cela vaut le coup d'étudier la question de plus près.

Commencer par couper votre géolocalisation. Vous éviterez ainsi de donner votre agenda complet à de nombreuses entreprises et services un peu trop curieux.

Si vous avez un doute, n'oubliez pas qu'il est souvent possible de revenir sur une autorisation donnée à une application. Pour cela chercher votre « espace applications », ou votre « gestionnaire d'accès ».

Ensuite ne renseignez pas plus qu'il n'est nécessaire sur votre page. Ces informations peuvent être employées à de nombreux usages que vous ignorez (analyse, suivi publicitaire, campagne marketing ou politique).

- Qui peut trouver ma page Facebook ? Cliquer sur le « ? », en haut à droite, puis « Raccourcis de confidentialité », et « paramètres ». Une fois modifiée, votre page sera moins visible sur les moteurs de recherche.
- Qui peut voir mes contenus ? Pour déterminer qui peut voir vos publications à venir, consulter les publications où vous êtes identifiés.
- À chaque nouvelle publication de contenu sur Facebook, il est possible de déterminer l'audience qui pourra y accéder. Si vous cliquez sur le symbole d'engrenage (l'écrou de réglages), vous pourrez choisir qui a accès à ce contenu. Vous pourrez, par exemple, partager vos publications avec un groupe d'amis seulement.
- Qui peut me contacter ? Pour définir qui peut vous envoyer des demandes d'amitié et quels messages sont filtrés dans votre boîte de réception Facebook.
- Comment empêcher quelqu'un de me contacter ? On indique ici le nom des utilisateurs que l'on veut bloquer.
- Un de vos contacts vous a « identifié sur une photo » ? Vous pouvez cliquer dessus pour la retirer purement et simplement, ou juste pour enlever cette identification, un « tag », qui a été accolé avec votre nom ou pseudo.

À la suite du scandale dit « Cambridge Analytica » au printemps 2018 et par lequel on apprenait que Facebook avait permis (involontairement selon la firme) à une entreprise de récupérer des données personnelles par le biais de sondages, un autre conseil pratique, moins iconoclaste, a émergé sur les réseaux sociaux : #DeleteFacebook (supprimer Facebook). Ou maîtriser la bête.

PROTÉGER SA FAMILLE

FAUT-IL DONNER ACCÈS À INTERNET À SES ENFANTS ? 18

Qu'ont en commun les enfants de Steve Jobs et ceux de Bills Gates ? Ils ont été éduqués avec un usage très strict d'Internet, voire interdit lorsqu'il s'agissait d'ouvrir l'iPad chez M. Jobs. La plupart des patrons de la Silicon Valley ont d'ailleurs adopté la même approche. Leur raison : « ils ont vu les premiers les dangers de la technologie et ses conséquences », raconte un article de *The Independent.*

Seulement voilà, Internet est un aussi bon moyen pour les enfants de mener à bien des projets scolaires ou créatifs. Les voilà donc projetés dans une agglomération de réseaux sociaux, de chats, voire de sites pornographiques et choquants. Beaucoup d'enfants admettent avoir déjà eu une expérience négative sur Internet : contenu violent, obscène, langage ordurier ou cyber harcèlement. Moins visible mais tout aussi préoccupant, le risque de dépression augmente de 27 % chez les 13-14 ans qui utiliseraient trop souvent les réseaux sociaux, d'après une étude récente menée en Angleterre (*The Independent*).

Pour commencer, une règle d'or : un enfant ne devrait jamais en savoir plus que ses parents sur Internet. Tout ce qu'il peut potentiellement utiliser doit être connu des parents. Il est donc particulièrement utile de vous former à l'usage d'Internet ou toute censure se verra immédiatement contournée par l'enfant. Cette connaissance vous sera encore plus utile pour appréhender le danger : quels sites, quels risques, quels prédateurs potentiels ? Plongé dans l'ignorance des dangers d'Internet, des chausse-trappes de sa propre topographie, on a tôt fait de se baigner dans l'idée rassurante que « ça n'arrive qu'aux autres ».

Sur Internet les enfants se sentent en contrôle, ce qui peut stimuler leur intelligence mais peut aussi les amener à désobéir à vos recommandations. Leur usage d'Internet doit donc être contrôlé, en particulier autour de règles générales : un temps d'écran maximum, ne pas donner ses coordonnés sur le Web, ne pas échanger de photos en dehors de ses proches... En d'autres termes, accompagnez-le dans une consommation éclairée du Web.

Au-delà, il ne faut pas hésiter à surveiller l'historique Internet de votre ordinateur. Celui-ci enregistre tous les sites Web visités au cours de la dernière semaine ou des derniers jours. Quels sites Web votre adolescent ou enfant a-t-il visité ?

Si vous n'êtes pas sûr de vos connaissances techniques, ne demandez pas à votre enfant de vous suppléer. Si vous cherchez à mettre en place des contrôles parentaux ou des vérifications de son usage d'Internet, il se peut qu'il ne vous donne pas des informations valides, ou en oublie volontairement certaines. Il est souvent possible de demander de l'aide technique à un autre parent.

De façon générale, l'interactivité des écrans renforce la capacité de faire face à l'imprévisible. Elle permet en effet de développer une intelligence fluide et adaptative, à l'opposé de l'intelligence « statique » développée par la culture du livre. Non, les écrans ne nous menacent donc pas en tant que tel, leur usage maîtrisé dans le cadre familial peut aider le développement émotionnel et cognitif de l'enfant.

Mais comme pour tout, il faut enseigner la recherche de l'équilibre et l'usage de la raison. Limitez le temps de connexion à des missions créatives particulières : celles que vous pourriez faire ensemble ou accompagner. Vous créez ainsi un moment de partage tout en rompant le risque d'isolement.

À QUEL ÂGE PEUT-ON ACCÉDER AUX ÉCRANS ET À INTERNET ? 19

Le digital n'est pas uniquement une source de risques pour l'enfant. Il peut aussi révéler en lui des capacités qui seront très utiles dans sa vie professionnelle. Mais les psychiatres et psychanalystes sont prudents ; Serge Tisseron, membre de l'académie des techniques, a inventé la règle du « 3-6-9-12 ». Rappelons-la brièvement.

- Pas d'écran avant 3 ans, ou tout au moins, les éviter le plus possible. De nombreux travaux montrent que l'enfant de moins de trois ans ne gagne rien à la fréquentation des écrans. Rappelez-vous que Steve Jobs et Bill Gates, les deux tycoons de l'informatique, les interdisaient formellement à leurs enfants chez eux.
- Pas de console de jeu portable avant 6 ans. Aussitôt que les jeux numériques sont introduits dans la vie de l'enfant, ils accaparent toute son attention, et cela se fait évidemment aux dépens de ses autres activités. En outre, avant que l'enfant ne sache lire, les seuls jeux possibles sont sensori-moteurs et basés sur la stéréotypie motrice. Il est tentant d'obtenir un peu de calme pour soi, en mettant un enfant sur une console ou à un iPad, mais mieux vaut revenir à ses classiques (histoires imaginaires, marionnettes avec des peluches, dessins…) tout aussi efficaces pour avoir le calme à la maison et un meilleur lien avec son enfant.
- Pas d'Internet avant 9 ans, et Internet accompagné jusqu'à l'entrée en collège. Ils auront bien le temps de céder à la tentation ; d'après une enquête internationale, les élèves de sixième passent 6 heures par jour devant un écran : télé, ordinateur, smartphone et tablette (en 2016).

  L'accompagnement des parents sur Internet n'est pas seulement destiné à éviter que l'enfant y soit confronté à des images difficilement supportables. Il doit lui permettre d'intégrer trois règles essentielles : tout ce que l'on y met peut tomber dans le domaine public, tout ce que l'on y met y restera éternellement, et tout ce que l'on y trouve est sujet à caution parce qu'il est impossible de savoir si c'est vrai ou si c'est faux. Au final, grâce à Internet, vous développez son esprit critique et vous le préparez pour demain, autant en profiter !

- Internet seul à partir de 12 ans, avec prudence. Sachez que douze ans, c'est aussi l'âge auquel l'entrepreneur australien Nick d'Aloisio a commencé à coder tout seul dans sa chambre, avant de revendre une application mobile à 17 ans 30 millions de dollars à Yahoo ! en 2013.

En attendant de pouvoir en faire des génies du code informatique, un accompagnement des parents est nécessaire. Il faut définir avec l'enfant des règles d'usage, convenir d'horaires prédéfinis de navigation, mettre en place un contrôle parental...

En pratique il est possible de laisser un enfant utiliser des supports numériques dès lors qu'il maîtrise son propre temps : qu'il peut lire l'heure et a conscience des horaires.

Il peut à ce moment-là développer un embryon d'auto-régulation, et pourquoi pas quelques appétences pour le code, un métier particulièrement bien valorisé sur le marché du travail.

Pour l'heure, cadrer le temps d'écran, et cela à tout âge, est essentiel. Entre 3 et 5 ans notamment, les enfants n'ont rien à gagner à passer plus d'une heure par jour devant un écran. Par ailleurs, ils doivent bénéficier d'une éducation qui leur permette de comprendre les conditions de production des divers médias et leurs modèles économiques. C'est le rôle de l'institution scolaire de les leur donner.

Les écrans doivent être encadrés dès l'enfance et l'enfant éduqué aux médias numériques.

Pour aller plus loin :

Serge Tisseron, Bernard Stiegler, *Faut-il interdire les écrans aux enfants ?*, Mordicus, 2009.

Serge Tisseron : « Qui a peur des jeux vidéo ? ».

20 COMMENT DONNER AUX ENFANTS UN ACCÈS SÉCURISÉ À INTERNET ?

Bien sûr, idéalement, pour protéger ses enfants, il faut les accompagner, par des conseils et de la surveillance. Mais dans les faits, il est souvent impossible de disposer de ce temps nécessaire. Aussi, les logiciels de contrôle parental sont là pour vous seconder, non vous remplacer, dans la navigation sécurisée de vos enfants sur Internet. Ils permettent avant tout d'empêcher l'accès de l'enfant aux contenus du Web qui ne sont pas appropriés à son âge.

Vous trouverez sur Internet la sélection des « meilleurs logiciels de contrôle parental », gratuits ou payants. Les plus cités sont : Parental Filter, ESET Internet Security, KiddyWeb Free Edition, CYBERsitter (via Clubic). Il y a aussi les tableaux de contrôle, directement disponibles dans vos systèmes d'exploitation ou vos navigateurs, comme « Parental Control » chez Apple, ou encore Witigo Parental Filter, Web Watcher, Net Nanny...

Pour vous aider à choisir parmi ces choix, voici quelques critères sur lesquels baser votre sélection :

- Le logiciel est-il ajustable selon l'âge de l'enfant ?
- Se limite-t-il au filtrage des pages Web, ou filtre-t-il aussi les services types chat, messagerie ?
- Possède-t-il une option pour bloquer le Peer-to-Peer (l'échange de fichier entre particuliers, de pair à pair)
- Est-il basé sur des listes de sites à éviter ? Si oui, sont-elles mises à jour régulièrement ?
- Est-il basé sur une reconnaissance « intelligente » des images et propos à filtrer ? Si oui, de quelle réputation jouit ce produit sur le net ?
- A-t-il bonne réputation ? Est-il utilisé par des services publics ou des écoles ?
- Permet-il d'accéder aux contenus des messages et aux dialogues dans les sessions chat de votre enfant ? Si oui, prenez garde à ce que cette surveillance soit justifiée, le pensez-vous en danger ? Sinon, il est possible qu'il vive mal cette intrusion.

Des options supplémentaires sont, en principe, disponibles sur la plupart des logiciels :

- L'accès à des statistiques sur l'utilisation d'Internet faite par vos enfants : leur historique de navigation et d'éventuelles tentatives de contournement des filtres mis en place.
- Le contrôle du temps de connexion : au bout d'une durée que vous établissez par avance, la connexion s'interrompt. Ce qui vous permet de gérer les créneaux horaires appropriés pour chaque activité.
- Le blocage des jeux ou applications que vous souhaitez interdire à vos enfants. Les paiements en ligne peuvent être également concernés.

Il est à noter que les fournisseurs d'accès Internet (FAI) offrent en général aussi des services de protection des plus jeunes. Ceux-ci sont rarement aussi complets que ceux offerts par des logiciels spécialisés, mais peuvent être gratuits.

Enfin, nous souhaitons relever l'existence d'un mini-programme éducatif sur la chaîne TV des jeunes « Gulli », intitulé « Fais-gaffe » et qui fait passer des messages très utiles de manière indolore. Certaines de ces vidéos sont accessibles sur YouTube.

Pour aller plus loin : revoir nos questions : « Comment repérer les prédateurs en ligne » et « Attention aux achats in-app dans les jeux ? ».

COMMENT BIEN CHOISIR LE TÉLÉPHONE MOBILE DE MES ENFANTS ? 21

Le moment de l'achat doit être préparé avec votre enfant. 43 % des jeunes ont affirmé être entré en conflit avec leurs parents à cause d'un usage excessif de leur téléphone (Deloitte, 2016). N'hésitez pas à aborder les points suivants avec lui.

1. Choisir un simple téléphone sans fil ou un Smartphone ? La question de peser le pour et le contre de ces options pour le bénéfice de l'enfant a déjà été posée au chapitre « Le 1er téléphone mobile ? ». Des offres très abordables avec des téléphones et des abonnements « jeunes », vous en trouverez toujours. Souvenez aussi que les enfants et ados utilisent moins les appels téléphoniques que les adultes, et davantage les messageries. Avec la quantité d'applications nécessitant toujours plus d'espace, il finira donc par vous en demander un autre.
2. Choisir son système d'exploitation : les trois principaux systèmes, iOS, Windows et Android ont tous leurs avantages, mais la question principale à se poser est celui de la compatibilité. Quel est celui utilisé par les autres membres de la famille ? Un plan familial en la matière vous permettra d'éviter un certain nombre de casse-têtes. Renseignez-vous sur les options disponibles en matière de sécurité et contrôle parental : limite de temps d'utilisation, de téléchargement, filtrage des sites jugés « adultes », etc.
3. Le prix est aussi à considérer. Est-ce qu'un enfant de 10 ans a besoin d'un téléphone à 700 euros ? Probablement pas. Et si c'est le vôtre que vous souhaitez lui donner, vérifier son prix à la revente, parfois les côtes se maintiennent bien pour les occasions. Plus il sera cher, plus il y aura l'angoisse de la casse ou pire du vol. Il est en effet facile et tentant de racketter un enfant de 11 ans.
4. Considérez la robustesse du téléphone. Est-il antichoc ? Résistant à l'immersion dans l'eau ? Pensez aussi à l'équiper d'un étui ou housse de protection.

5. Choisissez une taille d'appareil adaptée à la main de l'enfant. Un téléphone trop lourd et trop gros a davantage de chance de se retrouver par terre. Faites un essai au magasin.
6. La batterie est souvent le point faible des téléphones portables. Peut-être une batterie de secours de poche comme recharge ? Il faut savoir qu'un jeune consulte 50 fois par jour son téléphone, contre 26,6 pour un adulte (Deloitte, 2016).
7. La garantie standard est de 1 an. Peut-être serait-il judicieux de considérer que le téléphone d'un enfant est bien plus susceptible d'être cassé ou volé ? Vous pouvez opter pour une assurance plus forte. Ou faire l'achat avec une carte de crédit ayant sa propre garantie casse ou vol.
8. Le suivi GPS est une option très demandée par les parents. Posez-vous tout de même la question de sa justification, il faut penser à couper le cordon. Auriez-vous aimé, à 14 ans, être suivi à la trace ?
9. Faites une recherche Internet sur les modèles de portables qui vous intéressent. Les commentaires des internautes peuvent vous alerter sur des insuffisances que vous n'auriez pas remarquées.
10. Ayez une discussion avec votre enfant sur les possibilités de son téléphone, et les limites qu'il ne doit pas dépasser : temps de connexion, volume de téléchargement, moment de la journée (ou plutôt de la nuit) ou il doit s'en séparer. 23 % des Français jettent un œil à leur téléphone avant de s'endormir ; une bien mauvaise habitude selon des chercheurs américains (stress, anxiété, insomnie...). Autant prendre le bon pli dès le plus jeune âge.

22 COMMENT CHOISIR LE PREMIER SMARTPHONE DE SON ENFANT ?

Le premier téléphone mobile d'un enfant est déjà celui qu'il s'imagine avoir plus tard. Comme le souligne le psychologue Serge Tisseron, les jeunes enfants ont un considérable potentiel d'imitation. Il faut donc dès le plus jeune âge montrer l'exemple à son enfant, pour que celui-ci intègre les règles de vie à mettre à son usage.

Pas de téléphone à table, le soir laisser son téléphone dans la cuisine ou le salon, ne pas passer son temps avec un portable dans les mains quand vous êtes avec lui.

En moyenne, les enfants obtiennent leur premier smartphone vers l'âge de 10 ans, selon le cabinet d'études *Influence Central; un chiffre* en baisse tandis qu'il était à 12 ans en 2012. Certains enfants en possèdent dès l'âge de 7 ans. Les opérateurs l'ont d'ailleurs bien compris ; nombreux sont ceux qui ont adapté leurs offres pour des « packages » parent-enfant, où l'on promet une consommation contrôlée.

Mais c'est aussi à 11 ans en moyenne qu'un enfant est exposé pour la première fois à un contenu pornographique (OpinionWay/Ennocence, novembre 2016). Sans compter que la génération « Millenials » ultra connectée partage beaucoup plus que les précédentes... de quoi inquiéter certains sur le développement de l'enfant.

D'autant que le cortex préfrontal, cette partie du cerveau qui contrôle les impulsions et permet la maîtrise du raisonnement et du langage, finit de se développer au milieu de la vingtaine. Dès lors, faut-il craindre un manque de contrôle à venir ? Ou, à l'inverse, s'enthousiasmer à l'idée de guider les enfants sur la voie de la responsabilisation et de l'éveil, et ce dès le plus jeune âge ?

Voilà quelques questions à se poser pour jauger de la pertinence à laisser son enfant posséder un smartphone :

- Pour commencer, tandis que des cas de suicides d'adolescents s'étalent dans les médias, il faut vous demander : votre enfant a-t-il déjà été victime de harcèlement à l'école ? De fait, avec la puissance des réseaux sociaux et leur tendance à mettre en lumière de manière crue et décuplée une image ou une histoire, un smartphone est pour eux un écrin qui transporte leur réputation personnelle. Si votre enfant souffre de quelques différences avec « la norme », le smartphone est donc à déconseiller avant le lycée, ou du moins pas sans blocage des réseaux sociaux. Il faut à tout prix le protéger de ce qui peut se transformer en un espace de moqueries permanentes, dans les sphères digitales.

- Ensuite, avez-vous vraiment besoin de pouvoir contacter vos enfants pour des raisons de sécurité ?
- Est-ce que votre enfant perd ou brise souvent les objets qui lui appartiennent ?
- Fait-il montre de maturité dans ses rapports avec les autres enfants ?
- A-t-il fréquemment des rapports conflictuels ?
- Est-ce que votre enfant fait preuve d'un sens des responsabilités ? Vous informe-t-il quand il quitte la maison, et rentre-t-il à l'heure annoncée ?
- Peuvent-ils se tenir aux limites que vous leur imposez ? Notamment en termes de temps passé devant un écran ?
- Êtes-vous prêt à avoir une conversation avec lui sur les risques du Web ?

Si les réponses à certaines de ces questions sont négatives, peut-être pourriez-vous plutôt considérer que les smartphones sont à proscrire avant ses 15 ans.

Peut-être qu'un simple téléphone serait dans ce cas plus indiqué.

Après tout, la possession d'un premier smartphone est une entrée de fait dans une certaine indépendance. Il devrait correspondre à un rite de passage et ne pas être un simple cadeau.

Leur lexique pour parler « jeune » digital : « taguer », « pinger », « stalker », « liker »... À quelques variantes près, tous ces termes du jeune connecté impliquent une marque de reconnaissance ou d'engagement sur le Web.

23 QUELLES SONT LES RÈGLES DE SÉCURITÉ POUR LES ENFANTS SUR INTERNET ?

« Pour vivre heureux, vivons cachés. » Comment peut-on bien enseigner ce proverbe populaire à une génération dite « digital native » (qui est née avec), et qui, dès qu'elle se connecte, partage tout ce qu'elle fait à son camarade de classe, même si celui-ci se trouve juste à côté ? Non, vos enfants ne sont pas « nés ainsi » : avec toutes les connaissances au bout du doigt. La principale différence qu'il existe entre leur génération et une autre réside dans le fait qu'ils apprennent tous seuls ; dans l'imitation pure et parfois plus créative de ce que font les autres.

Il faut donc les laisser créer, mais en leur fixant un cadre de règles à suivre. Pour faire passer la pilule, vous pouvez les comparer à un super-héros dont les super-pouvoirs sur Internet serait soit de devenir invisible, soit de voir derrière les apparences... Bref, faites des histoires le plus tôt possible pour illustrer la grande histoire de la vie privée.

Sans brûler les étapes pour autant. Quels sont les repères essentiels à donner ?

La première règle à leur transmettre est celle-ci :

- Il faut agir sur le réseau comme on agit dans la vie réelle. Prendre conscience qu'il n'y a pas réellement d'anonymat en ligne, ni d'oubli, et que tous ses actes peuvent avoir des conséquences. Par exemple, son joueur de football préféré qui fait sa diva, ne serait-ce qu'une fois, sur un réseau social tel Twitter ou Instagram, cela ne s'oublie pas. Et cela se scrute aussi pour un entraîneur d'une équipe nationale qui analyse les personnalités des joueurs, y compris sur la toile.
- Ne pas communiquer d'informations sensibles ou personnelles, y compris les adresses et les numéros de téléphone, et surtout pas à des inconnus. Ne pas oublier par ailleurs qu'un contact prétendant être un garçon ou une fille de l'âge de votre enfant peut en fait être un adulte. Les monstres de leurs cauchemars sont en liberté sur Internet, il faut donc rester en terrain connu.
- Il est souhaitable de leur interdire de poster des photos et des vidéos d'eux-mêmes. Du moins pas tant qu'ils ne peuvent comprendre les risques que cela implique. Et même vérifier le

contenu de ces images avec eux, et les données personnelles susceptibles de les accompagner.

- Il faut aussi leur expliquer que, si leurs idoles, Justin Bieber, Selena Gomez et autres YouTubeuses en herbe postent – apparemment des contenus sans se faire de tracas, ils le font en réalité grâce à une importante entièrement dédiée à leur communication personnelle. L'enfant doit comprendre que sur Internet, nous sommes tous comme une petite entreprise que nous devons autogérer : notre image, nos dépenses, nos relations, nos investissements en temps...
- Leur interdire aussi de rencontrer des personnes découvertes en ligne. Ou alors assister à la rencontre avec l'enfant dans un lieu sûr.
- Ne les laissez pas sans surveillance sur Internet avant 12 ans.
- Pour les réseaux sociaux, imposez-leur de régler leur profil pour qu'il soit privé.
- Précisez bien que ces règles s'appliquent à tout objet connecté et pas seulement à l'ordinateur familial.
- Insistez enfin sur la nécessité pour votre enfant de venir vous voir s'il subit des menaces, est victime de harcèlement en ligne ou reçoit des images l'ayant choqué. Ces notions doivent être abordées et comprises.
- N'hésitez pas à déplacer l'ordinateur familial dans un lieu exposé aux regards, si c'est l'outil de connexion de prédilection de l'enfant.
- Vérifiez que vos prescriptions sont retenues, et appliquées. Faute de quoi, suspendez temporairement son accès à Internet ou imposez-lui de ne se connecter que lorsque vous êtes à ses côtés.
- Vous pouvez aussi établir un compte-temps et un nouvel exercice. Il peut ainsi « acheter » 1 h de surf libre sur Internet, contre 1 h d'apprentissage d'un petit sujet que vous lui commandez et qu'il doit vous présenter à l'oral, aidé par ses sources Wikipédia et YouTube. Gain de confiance assuré !

À lire : Guide pratique « La famille Tout-Écran » Centre pour l'éducation aux médias et à l'information.

24 QUELS SONT LES SIGNES QUE MON ENFANT COURT UN RISQUE SUR INTERNET ?

Sur Internet, les principales menaces pour votre enfant viennent du cyberharcèlement, des images choquantes, du risque d'addiction, et d'éventuels prédateurs en ligne : pervers, sectes, ou escrocs.

Il est difficile d'assurer une surveillance 24/24 des connexions de son enfant, il faut donc être à même de déceler chez lui les signes d'un traumatisme potentiel. L'expérience d'Internet lui est-elle préjudiciable ?

Cette liste de différents signes émotionnels et physiques peut vous aider à décider si votre enfant a besoin d'aide. La vôtre bien sûr, mais également celle de professionnels qui s'assureront que son développement mental et son bien-être ne sont pas en danger.

Votre enfant a-t-il de brusques sautes d'humeur ? Un enfant ayant subi un traumatisme peut aussi avoir l'air de régresser dans la maîtrise de soi : sucer son pouce, mouiller son lit, faire des crises de larmes à propos de petites choses qui ne semblaient plus l'émouvoir.

Les changements de personnalité chez l'enfant sont aussi un signe d'alerte : ils peuvent être permanents ou occasionnels. Un enfant oscillant entre de l'agressivité et un timide repli sur soi par exemple. Est-il fréquemment en colère ? Ou au contraire semble-t-il craindre maladivement le conflit et la réprimande ?

Garder l'œil ouvert sur les signes d'anxiété, de dépression ou de prise de risque excessive. Un enfant qui a des pensées suicidaires parle beaucoup de la mort, évoque parfois la sienne, donne ses objets préférés, et évite les activités sociales.

Parmi les symptômes physiques les plus courants :

- Votre enfant a-t-il souvent des maux de tête ou d'estomac ? Lui arrive-t-il souvent de vomir ? Ces symptômes peuvent empirer lorsque l'enfant est contraint de faire quelque chose en lien avec son traumatisme (comme aller à l'école après y avoir subi des brimades).
- S'accroche-t-il à des objets précis ? Ou à des gens ?
- A-t-il des peurs nocturnes ? Ou semble-t-il manifester une peur d'un endroit en particulier ?

– Le sentiment de culpabilité peut aussi se développer chez l'enfant après un événement traumatique même s'ils n'ont rien fait de mal.

Soyez aussi sensibles à la manière dont votre enfant interagit avec les autres enfants : se sent-il aliéné par rapport à eux ? Ces enfants sont-ils agacés par des comportements compulsifs, ou des propos obsessionnels de sa part ?

Le site e-santé.fr propose également un questionnaire pour évaluer le degré de dépendance, car tous ne sont pas logés à la même enseigne :

(De 0 à 3 réponses positives : petite tendance à devenir cyberdépendant. De 4 à 6 réponses positives : risque de développer une dépendance. De 7 à 10 : forte tendance à devenir dépendant.)

1. Il passe de plus en plus de temps sur Internet.
2. Il néglige tous ses autres loisirs.
3. Il passe plus de temps connecté qu'il ne l'aurait pensé initialement.
4. Il préfère sauter le repas plutôt que de quitter l'écran.
5. Des amis ou des membres de votre famille se sont-ils plaints ?
6. Il trouve très difficile de ne pas être connecté pendant plusieurs jours ?
7. Ses résultats scolaires en souffrent.
8. Il passe de moins en moins de temps avec ses amis.
9. Lorsqu'il est devant l'écran, il ne peut pas s'empêcher de visiter certaines zones ou certains sites.
10. Il a déjà essayé, sans succès, d'écourter l'usage d'Internet.

Face à la cyberdépendance, les professionnels recommandent une thérapie d'une durée de six mois. Les start-ups s'attaquent aussi au problème. Pour 150 livres, une entreprise australienne a mis au point une « box » de gestion des temps passés et des récompenses à donner à l'enfant qui éduque sa consommation (*The Telegraph*, 2018).

Enfin, écoutez-les s'il vous confie des peurs. Un enfant ayant vécu un traumatisme peut s'alarmer facilement pour la sécurité de sa famille et la sienne.

25 COMMENT PROTÉGER SES ENFANTS CONTRE LE CYBERHARCÈLEMENT ?

Brandy Vela avait 18 ans lorsqu'elle a décidé de mettre fin à ses jours devant sa famille en 2016, aux États-Unis, après des semaines de harcèlement sur Facebook. Chaque jour, des dizaines de comptes anonymes moquaient son poids et son physique. Tandis que les réseaux sociaux sont aussi des espaces d'échanges décomplexés, créateur de lien social, comment empêcher de telles dérives ?

Dans la « vraie » vie, les échanges entre personnes physiques sont régulés par un ensemble de signaux visuels, un langage non verbal qui incite chaque interlocuteur à un contrôle, ou, a minima l'informe du malaise ou de la colère que peut ressentir son interlocuteur. Mais dans les sphères digitales, on assiste à un « farwest » communicationnel, où chacun, souvent dans l'anonymat, suit ses propres règles. Les désaccords se voient décuplés. On ne sait plus qui est quoi, on y éprouve donc moins de vergogne à se lancer dans des attaques personnelles. Pour ceux qui n'existent que pour le plaisir de critiquer, on leur a même inventé un nom : trolls qui a donné le « trolling » (voir 92 « Comment éviter de nourrir les trolls sur Internet ? »).

Sherry Turkle, spécialiste américaine des sciences sociales appliquées aux technologies, a montré que les internautes qui n'ont pas de contact physique, qui ne se voient pas et communiquent à travers un dispositif technique, développent souvent un sentiment d'impunité. D'où des personnalités altérées pour la plupart des usagers.

En 2017, 14 % des élèves du primaire, 12 % des collégiens, se déclarent harcelés, d'après les chiffres du délégué ministériel chargé de la prévention et de la lutte contre les violences en milieu scolaire. Jusqu'à 5 % de la population scolaire est très sévèrement harcelée.

Contrairement au harcèlement de rue, celui en ligne ne s'arrête pas lorsque l'on rentre de l'école. Les enfants timides ou fragiles auront d'ailleurs tendance à se refermer encore plus et à taire ces agissements. Avec leur téléphone et ses notifications, ils ne se sentent plus en sécurité, pas même chez eux. 18 % des élèves ont déjà été victime au moins une fois de cyber-violence (insultes, humiliations ou dévalorisations via Internet ou par le téléphone portable), selon les évaluations de la Direction de l'évaluation, de la prospective et de la performance (DEPP).

La répétition de ces violences constitue un cyberharcèlement. Il peut provoquer chez la victime une souffrance émotionnelle, des troubles scolaires, des troubles psychosomatiques, un isolement et des pensées suicidaires.

Quelques conseils pratiques à suivre pour protéger votre enfant :

- La règle du 3/6/9/12 du psychologue Serge Tisseron. Pas d'écran avant 3 ans. Pas de console de jeu portable avant 6 ans, Pas d'Internet avant 9 ans. Pas d'Internet seul avant 12 ans.
- En complément de la précédente règle, se souvenir que la tranche d'âge entre 12 et 15 ans est précisément la tranche d'âge la plus visée par le harcèlement.
- Si votre enfant est timide et introverti, pour communiquer avec lui, créez-vous un profil d'« ange gardien » (en réalité vous derrière un pseudo et une photo qu'il aime) pour venir lui parler de temps en temps « en anonyme » sur ces applications sociales pendant la journée. Il saura que c'est vous mais vous vous placez sur le même plan que les harceleurs pour mieux désamorcer.

Enfin, ne pas hésiter à restreindre l'accès à Internet, et à ne l'autoriser qu'en sa compagnie, ou au moins sous sa supervision.

À lire :

Au cœur des controverses : des sciences à l'action, Serge Tisseron *et al.*, Actes Sud.

« Life on the Screen : Identity in the Age of the Internet », Sherry Turkle.

https://www.ted.com/talks/sherry_turkle_alone_together?language=fr

26 COMMENT PROTÉGER SA VIE PRIVÉE ET CELLE DE SES ENFANTS?

«Il y a deux types de cryptage; un qui empêchera votre sœur de lire votre journal intime et un autre qui fera de même, mais pour le gouvernement». Cette réalité décrite par Bruce Schneier, spécialiste américain en sécurité informatique, a le mérite d'être claire: les menaces d'enfreinte à la vie privée sont multiples, et souvent pavée de bonnes intentions. Il est toutefois possible de préserver sa réputation et celle de ces enfants en gardant une chose en mémoire: l'anonymat est une notion très relative sur Internet. Il faut se souvenir que le concept de vie privée dans un espace ouvert comme celui du réseau nécessite des aménagements et quelques bonnes pratiques:

- Attention aux informations que vous partagez avec des personnes de votre entourage, ou des amis d'amis. Ceux-ci ne sont pas de vos intimes, ils ne feront peut-être pas preuve de la même parcimonie. Leurs opinions et historiques ne vous sont probablement pas connus dans le détail. En leur fournissant nombre d'informations et de réflexions personnelles, vous donnez le bâton pour vous faire battre en cas d'escarmouche. La toile peut être extrêmement cruelle, comme avec cet Australien qui traite sa partenaire de «baleine» sur Facebook, tout en postant des photos de leurs ébats dans un groupe pourtant privé... Si cette retenue peut paraître excessive, elle est la plus sûre façon de ne pas voir des propos déplacés ou des photos osées revenir nous hanter des années après. Ne laissez pas de cadavres dans le placard si celui-ci n'a pas de serrure.
- Attention aux informations polémiques qui peuvent vous attirer des inimitiés avec de parfaits inconnus à l'autre bout du monde. Par exemple, il est peut-être parfaitement acceptable dans votre milieu d'aller chasser le gros gibier en Afrique, mais des photos de vous posant avec une girafe abattue ont une forte chance de provoquer un cyber-harcèlement, avec son lot de menaces, qui risque fort d'affecter votre famille.
- Ceux dont l'écriture est leur métier le savent bien; ce que vous affirmez sur Internet, seriez-vous prêts à l'écrire en lettres capitales sur les murs du métro? (Autrement dit assumez-vous

ces propos jusqu'au bout?) Si oui, alors posez-vous la même question en vous projetant dans 10 ou 20 ans? En se posant cette question peut-être que James Gunn, le réalisateur du blockbuster *Les Gardiens de la Galaxy* n'aurait pas tweeté il y a 10 ans de l'humour trash autour de la pédophilie, ce qui lui aurait évité de se faire licencier par Marvel pour cela (Groupe Disney).

«Les paroles s'envolent, mais les écrits restent.»

Malheureusement, de nombreuses personnes, les enfants comme leurs parents, ne savent pas que les informations mises en ligne restent visibles et sont indexées par les moteurs de recherche.

Enfin, définissez l'usage que vous faites de ce canal d'échange. Si c'est un Twitter professionnel, vous pouvez le laissez en «public». Si c'est un Facebook, Snapchat, Instagram ou une chaîne YouTube de votre vie: passez-les en privé. Et limiter vos contacts aux véritables connaissances: ceux de la vraie vie (IRL/In Real Life). Pour les plus jeunes, il est même conseillé de limiter aux amis, ceux qui ne profiteront pas des contenus intimes échangés pour se moquer ou harceler.

COMMENT INCITER MES PROCHES À AMÉLIORER LEUR NIVEAU DE SÉCURITÉ ?

Il ne se passe pas une semaine sans qu'un média ne se fasse l'écho d'une affaire de piratage de données personnelles. Et avec l'arrivée des objets connectés dans nos vies (assistants personnels, voiture autonome, assistants vocaux…), la tendance n'est pas prête de s'inverser. Ce marché, celui qui rythmera notre quotidien, ne pèsera pas moins de 520 milliards de dollars : en 2021 c'est plus du double qu'en 2017 (Bain/Forbes, 2018). Ce n'est pas pour rien que l'on parle des données comme du nouvel « or noir ». Plus vite chacun de nous en aura conscience, plus vite nous serons responsables et actifs dans la gestion de nos données personnelles. Êtes-vous prêts à transmettre cette démarche autour de vous ?

La première approche possible pour sensibiliser vos proches est la science-fiction. On ne compte plus sur les services de vidéos en ligne tels Netflix ou Amazon Prime Video les fictions relatant du quotidien de robots ou d'êtres « synthétiques ». Ils peuvent faire sourire ; ils sont pourtant un excellent moyen d'ouvrir les débats sur la sécurité (l'incontournable « Minority Report », « Her », « Zoé », « Extinction » pour citer certains films). « Pourrais-tu tomber amoureux(se) d'un robot ? Les robots peuvent-ils ressentir des sentiments ? Sur quelles tâches doivent-ils nous remplacer ? Sont-ils sans danger ? » Voici une sélection de sujets que vous pourrez aborder.

Il existe des questions très pratiques de sécurité sur lesquelles il faut inciter ses proches à se poser le plus tôt possible. Une fois que le débat est possible, voici quelques conseils pour « donner le pouvoir » à chacun sur les aspects sécuritaires et le numérique en général :

- Tester vos compétences numériques en ligne. Il existe des plateformes en ligne qui évalue gratuitement vos connaissances, dans le but d'obtenir une certification mais pas seulement. Nous avons repéré Isograd, NetPublic, AreYouDigital (RU Digital), ou Pix, à l'initiative du gouvernement mais encore en version bêta.
- Faire de la sûreté une part de votre vie, familiale ou d'entreprise. Faire attention à soi ou aux siens est une valeur qui doit être appliquée à Internet.

- Les responsables doivent toujours montrer l'exemple.
- Donner aux gens la possibilité d'être des acteurs de leur propre sécurité, en les consultant, les écoutant sur les problèmes qu'ils rencontrent, ou craignent de rencontrer en ligne. Vous leurs éviterez ainsi le rôle désagréable du vilain petit canard de la technologie, mis au coin par les « branchés »…
- Posez des questions. À la vitesse où les technologies évoluent, il n'y a plus d'ignorants ou de sachants, de maîtres ou d'élèves. Parfois ce seront les plus jeunes qui vous feront un retour. Cela vous permettra de mettre constamment de vous mettre à jour.

ADOS : QUELLES LIMITES FIXER SUR INTERNET ? 28

Pour de nombreux parents, l'usage d'Internet par leurs enfants est un passe-temps bénin. Elle est pourtant une de leurs activités les plus importantes, voire la plus vitale pour beaucoup d'entre eux. Un ado de moins de 16 ans sur deux passerait au moins quatre heures par jour sur Internet.

Une consommation adaptée est souhaitable pour éviter des conséquences psychosociales négatives. Il n'est pas question de tout interdire, mais plutôt d'estimer le risque en fonction de votre propre enfant. Est-il assez mature pour affronter la violence du réseau et sa vue parfois biaisée du monde ?

Le principal risque pour lui vient du harcèlement.

- Si votre enfant est plutôt timide ou immature, méfiez-vous des sites communautaires comme Snapchat, Kik, Instagram ou Facebook : tous permettent d'échanger textes ou des photos entre utilisateurs. Outre les risques de harcèlement ou de sentiments de dépréciation que nous avons vu précédemment (voir 25 « Comment protéger ses enfants contre le cyberharcèlement ? »), l'autre risque majeur est celui de l'addiction. Et comme avec une drogue, la création d'un manque peut rendre agressif et/ou dépressif en seconde phase. Est-il d'humeur massacrante en cas de connexion défaillante ? Comme pour une substance addictive, il faut donc remplacer ce temps supprimé par une autre activité qui générera autant de plaisir et d'attention.
- Il est très facile pour les parents de sous-estimer le temps que leurs enfants passent sur Internet. Moins aisé pour eux est de se rendre compte de la violence potentielle des images visionnées. Dans le cas du réseau, ces limites sont vraisemblablement atteintes et dépassées si votre enfant ne peut se passer de son accès.
- Tentez de vous immiscer dans ce monde digital mais d'une manière beaucoup plus saine, en parlant par exemple avec lui des dernières « features » ou « fonctionnalités » que permet tel ou tel réseau social. Tout est bon pour lui faire comprendre l'intérêt de prendre du recul.

- Concernant les images violentes, votre ado vous répondra assurément qu'on lui a déjà rabâché les oreilles sur les risques et sur « la vraie sexualité » qui « n'a rien à voir avec les scènes fabriquées sur YouPorn ou Xvidéos ». Aborder avec lui la question des images visionnées : a-t-il vu des images violentes, choquantes ? Expliquez-lui pourquoi il doit s'abstenir de chercher à en voir, et en quoi la réalité peut se trouver déformée par le prisme du net.
- Nos ados sont de plus en plus tôt conscientisés par la profusion d'informations et d'échanges. Abordez avec lui la question de sa liberté de pensée, à l'heure des débats sur les « fake news », du complotisme (le 11-septembre est un complot de la CIA, les américains n'ont jamais été sur la lune, la terre est plate, les Illuminatis...), des manipulations de certains organismes parapolitiques lors d'élections, ou encore du fameux « biais » Google qui ne ferait ressortir que les résultats auxquels nous adhérons déjà. De quoi menacer son esprit critique et sa volonté de devenir un citoyen éclairé. Le sait-il ?
- Enfin, une fois le dialogue instauré, cherchez à connaître les sites qu'il fréquente. Renseignez-vous par les moteurs de recherche. Les sites sur les troubles alimentaires, les idées suicidaires ou les mutilations volontaires sont fréquentés par beaucoup d'ados, et présentent des images parfois traumatisantes.

Pour aller plus loin : Guide pratique « La famille Tout-Écran ». Centre pour l'éducation aux médias et à l'information.

29 COMMENT RECONNAÎTRE L'ADDICTION À INTERNET ?

Pour juger si quelqu'un est « addict » il faut d'abord comprendre le concept d'addiction. D'après les psychologues, Un processus addictif repose sur des désirs et des habitudes de la vie pratique dont les objets visés sont tout à fait conscients (la réussite, le gain, la récompense) mais irrésistibles une fois enracinés dans la mécanique du désir.

Pour s'émanciper d'une addiction il ne suffit pas d'en prendre conscience, il faut pouvoir modifier l'ordre de ses désirs et son cadre de vie. Tout changement radical de perception étant difficile à assumer sur le long terme, il est plutôt conseillé de se fixer des objectifs, de travailler sa volonté, son autodiscipline, de changer ses fréquentations si nécessaire. Ainsi que de réaliser des « actes forts » : comme jeter un objet symbole de vos addictions à la poubelle par exemple... Il faut se couper des processus invasifs au maximum.

Trois facteurs devraient nous alerter sur une possible addiction en ligne :

- Le degré d'isolement de la personne. A-t-elle des relations sociales ? Quitte-t-elle régulièrement son écran ?
- La souffrance de celle-ci. La personne passe-t-elle une grande partie de son temps à s'évader des réalités du quotidien plutôt que d'y faire face ?
- Les facteurs concrets, comme l'endettement, les manifestations d'anxiété en cas d'absence de connexion.

Vous pouvez d'ailleurs suggérer une période test, une absence volontaire d'usage du portable ou du réseau, pour que la personne puisse elle-même prendre conscience de son trouble.

Les comportements excessifs riment en général avec un sentiment de culpabilité et de perte d'estime de soi. Il faut tâcher de reconstruire cette confiance par un travail sur soi. Le blogueur Thierry Crouzet raconte comment il s'est coupé d'Internet pendant six mois suite à un burn-out (Psychologies magazine). Il existe aussi toute une littérature sur l'art de la « déconnexion ».

Si le sentiment est trop fort, le recours à des professionnels est souhaitable. Comme dans le cas d'autres troubles psychiques, il faut penser aux thérapies cognitives et comportementales, aux thérapies familiales ou aux analyses. Enfin, la pratique de la méditation, le fait de chercher à se connecter ailleurs, au fond de soi, peut aussi être bénéfique. Si Internet nous enseigne que nous sommes tous connectés les uns aux autres, le bien-être reste un jardin que nous devons cultiver seuls, pour ensuite le partager si nécessaire et non l'inverse.

30 LES COURS EN LIGNE SONT-ILS UTILES POUR MES ENFANTS ?

Une école, et une seule, pour tous. Nous avons (presque) tous grandi dans ce paradigme, de « L'école », comme institution, et au singulier. Aujourd'hui, le pluriel fait un retour en force avec des dizaines de plateformes de cours, voire de simples sites personnels, proposant des outils d'apprentissage. Une recherche avec pour mots clés « cours en ligne » vous amènera de nombreux résultats. Des « Mooc » (Massive Open Online Courses), des sites créés par des enseignants, des professeurs en direct par webcam, des tutoriels vidéo...

Nos enfants sont de véritables « self made man et woman », guidés par leurs envies et par le champ des possibles qui s'offre à eux. À 12 ans, le jeune Moses Finlay raconte ainsi dans des billets sur Médium « pourquoi il aime tant coder et surfer sur Internet ». À 13 ans, Logan LaPlante raconte sur la scène d'une conférence « Ted X » et devant des millions d'internautes sur YouTube pourquoi le fait d'avoir « hacké » l'école l'a rendu « heureux ». Décapant.

Mais avant de plonger votre enfant dans l'auto-apprentissage, quelques vérifications sont nécessaires lors de votre recherche :

- Les sujets qui l'intéressent sont-ils traités de manière exhaustive ?
- Le site propose-t-il des exercices ? Avec leurs corrigés ?
- La personne responsable du site a-t-elle l'air fiable, et impliqué dans l'évolution de celui-ci ?
- Le site est-il actualisé régulièrement ? Contient-il des liens vers des matériaux éducatifs utiles ?

Pour l'heure, l'offre s'est massivement développée pour les étudiants. Mais il existe plusieurs sites de soutien scolaire pour les plus jeunes. ProfExpress, LesBonsProfs, Kartable, DigiSchool, CNEEL, SchoolMouv, Maxicours, RéussiteBac pour les lycéens... proposent tous du soutien scolaire, en formule gratuite ou payante. Pour des connaissances sur les mathématiques, le site SuperProf recommande plusieurs forums spécialisés comme forum.mathematex.net ou maths-forum.com pour les mathématiques.

Sur la plupart des offres, on pourra y trouver :

- une communauté d'élèves ;
- des interactions avec des tuteurs ou animateurs ;
- des contenus textuels ou multimédia didactiques, cours, exercices, schémas, vidéos ;
- une stratégie pédagogique ;
- des activités de validation des acquis.

Leurs points forts :

- l'accès à un large panel d'approches adaptées aux différents types de personnalités cognitives ;
- un accès facile et peu coûteux au contenu de formation ;
- une grande souplesse de la gestion de son temps, avec la possibilité de revenir en arrière, ce qui permet d'apprendre à son propre rythme.

La formation en ligne nécessite cependant au moins deux choses : une bonne motivation de la part de l'élève, et une certaine assiduité, d'autant plus si le cours est formalisé avec session d'examen final.

L'autonomie exigé peut également être difficile pour vos enfants, vous serez donc amené à les superviser.

Il faut également mentionner le projet Wikiversité, petite sœur de la Wikipédia. C'est aussi un projet communautaire, qui vise lui à produire et diffuser des documents pédagogiques (cours, exercices, travaux dirigés, travaux pratiques, documents vidéo et audio, etc.), pour permettre des apprentissages autonomes. Les enseignements sont groupés par thème, et classés par niveau.

Le site du CNED lui-même fournit de nombreux cours, généralement payants.

Vous trouverez à la fin de l'ouvrage les liens vers les sites utiles.

31 COMMENT FACILITER LA NAVIGATION DES PERSONNES PORTEUSES DE HANDICAP ?

En France, environ 12 millions de Français (sur 66 millions) sont touchés par un handicap. 1,5 million sont atteints d'une déficience visuelle et 850000 ont une mobilité réduite (OCIRP, 2017). Or, si la navigation d'une personne handicapée ou âgée sur le réseau ne diffère pas de celle d'une personne valide, elle requiert un certain nombre d'adaptations. Nous passons de plus en plus de temps au travail, face à un écran. Avec cette posture, des symptômes bien connus : fatigue oculaire, musculaire, positionnement... Ces problèmes ont été envisagés pour donner le meilleur confort possible, selon le handicap.

Quelques conseils pratiques puisés auprès de *handicap.fr* :

- L'écran : le haut de l'écran doit être situé juste en dessous de la hauteur des yeux et légèrement incliné vers le haut, pour maintenir une bonne position de la tête et optimiser la zone de lecture et de confort du regard.

  Le cou doit être en position naturelle (ni en extension, ni en flexion).

  Jouez sur la taille des caractères de votre écran pour plus de confort visuel.
- Le positionnement du siège : il est propre à chacun selon la taille, ses limitations articulaires, ses capacités motrices et visuelles, la tâche à effectuer... De manière générale, pour favoriser une meilleure circulation, les jambes peuvent être surélevées à l'aide de repose-pieds.
- Le clavier : il doit être placé entre 10 et 15 cm du bord du bureau de façon à avoir toujours les bras soutenus. Il existe des claviers séparés, incurvées et en braille.
- La souris : une souris verticale garde le poignet en position naturelle et évite les mouvements répétés d'épaule.
- Pour soutenir la main centrale ou au niveau du pouce, une grosse boule appelée trackball permet de déplacer le curseur sur l'écran.

  Pour faciliter la manipulation, on peut se procurer des joysticks (ou manettes) ou des trackpads (sur surface plane).

- Il existe des souris ergonomiques visant à soulager la main, le bras, l'épaule et le cou (100/150 euros). Ou des joysticks de pointage, créés spécialement pour les besoins des utilisateurs d'ordinateurs PC ou MAC ayant des difficultés motrices importantes.
- Pour les personnes qui ne peuvent pas utiliser leurs mains, bras, il y a des souris optiques.

  Hélas plus cher (autour de 1 500/2 000 euros), les dispositifs de contrôle oculaire permettent de piloter l'ordinateur ou la tablette avec le mouvement des yeux :

  Trois modes de validation disponibles :

  – par clignement des yeux ;

  – par fixation du regard (réglable) ;

  – par contacteur.

Les mouvements de la tête n'interfèrent pas avec le suivi oculaire. Enfin on peut citer les plages brailles, et les claviers adaptés, visant à un moindre effort musculaire.

Pour la téléphonie mobile, il existe des marques dédiées aux malvoyants, malentendants ou seniors, avec des écrans très contrastés, des grosses touches ou de la suramplification.

Pour aller plus loin : handicap.fr

32 COMMENT COMPRENDRE LES CONDITIONS GÉNÉRALES D'UTILISATION, ET LES DEMANDES DE CONSENTEMENT ?

17000 mots et 86 minutes de temps de lecture. C'est le temps qu'il faut pour venir à bout des conditions d'utilisation de l'application Web et mobile Instagram, les fameuses « CGU », comme le relate le site Mashable. En 2017, l'artiste Dima Yarovinsky s'est même amusé à imprimer et à exposer ses listes d'engagements et de conditions relatives à l'utilisation du logiciel, mais sur un mur entier. Résultat, des dizaines de mètres de bandes de papier tombant – non sans susciter un certain effroi – jusqu'au sol pour les champions des CGU : WhatsApp, Google, Tinder, Twitter, Facebook, Snapchat.

Si on les rapporte à une vie, il faudrait consacrer 76 jours de travail pour les comprendre par an en moyenne, selon une étude de Lorrie Faith Cranor et Alecia McDonald de l'université Carnegie Mellon en Pennsylvanie. De quoi donner le vertige à tout utilisateur qui, lui, ne passe en réalité à peine que quelques secondes à les lire, avant de donner son accord.

De fait, nous avons tendance à l'oublier : Internet nous donne la possibilité de télécharger et d'installer en une poignée de secondes des logiciels ou des applications pour le téléphone dont le contenu remplirait les volumes d'une encyclopédie.

La complexité du produit lui-même ne nous apparaît qu'au seul et unique moment de signer le contrat de licence (« End-User Licence Agreement » en anglais). Si bien que la plupart d'entre nous clique en fait immédiatement sur le bouton « J'accepte » sans rien lire du tout.

Il est certain que ces textes sont longs, et franchement ennuyeux.

Pire, il n'est pas réellement possible de les lire dans les détails.

Pourtant, ces textes ont valeur légale. Ce sont les contrats établis entre l'acheteur et l'émetteur d'une licence, qui permettent à l'acheteur d'utiliser celle-ci. Ils servent en fait à garantir les entreprises comme Facebook ou Apple, que le poids de la responsabilité retombe sur le consommateur final : vous.

Quelques conseils :

- Si le texte est court, au moins parcourez-le.
- Assurez-vous que vous avez réellement besoin de faire cette installation, après tout pourquoi s'engager à tout bout de champ.

Par ailleurs, lorsque vous vous trouvez sur la page des CGU, n'hésitez pas à user abondamment du raccourci clavier « contrôle F » ou « pomme F » sur Mac. Il permet d'afficher une mini barre de recherche sur le document ouvert et en faisant une recherche spécifique sur les termes « confidentialité », « revente », « photos », « droit de suppression », vous irez ainsi dans le cœur du réacteur de certains de vos droits et engagements.

Aussi, des logiciels dédiés proposent d'apporter leur aide dans cette tâche ardue, comme EULAlyzer pour le système d'exploitation Windows.

Ce logiciel est disponible gratuitement.

Il vous propose les services suivants :

- Une synthèse des éléments de l'accord de licence.
- L'enregistrement dans une base de données des contrats de licence.
- Une analyse rapide du contenu.
- De mettre à jours d'éventuels comportements cachés concernant le logiciel que vous souhaitez installer.

Enfin, certaines associations d'usagers veillent au grain. En France, en 2018, l'UFC Que Choisir a ainsi dénoncé des clauses « abusives » ou « illicites » imposées par Twitter. Celui-ci a été condamné à payer une amende minime et à revoir ses conditions d'exploitation des photos et tweets des utilisateurs prévues à des fins commerciales.

Pour aller plus loin :

https://www.kaspersky.com/blog/eula-gotchas/17709/

https://www.eff.org

https://www.zdnet.com/article/apples-mind-bogglingly-greedy-and-evil-license-agreement/

http://techland.time.com/2012/03/06/youd-need-76-work-days-to-read-all-your-privacy-policies-each-year/

33 COMMENT BLOQUER LES ACHATS « IN-APP » DANS LES JEUX ?

En France, 42 % des joueurs jouent désormais sur leur téléphone portable (2015/SELL). Si l'univers des jeux ne semble plus réserver aux jeunes, vos chères têtes blondes n'échappent pas à la tendance. Pour être clair, si un enfant tient depuis plusieurs heures sont téléphone à l'horizontal, c'est qu'il a succombé à la dernière mode du jeu « gratuit ». Il y eu d'abord Candy Crush (même les adultes ont adoré), puis Pokémon, Les Sims, Clash Royale...

Le point commun à tous ces jeux mobiles ? Ils sont gratuits, vous dit-on. C'est vrai, jusqu'à certaines possibilités dans le jeu. Car non, les éditeurs de jeux mobiles ne vivent pas que du bonheur qu'ils donnent aux joueurs. Leur objectif est de créer une douce addiction et des récompenses pour les enfants (comme pour les adultes).

Pour y parvenir, le concept qui permet de faire que tout le monde s'y retourne (surtout les gros éditeurs) s'appelle le « Freemium ». Il implique simplement que l'on puisse accéder à un service ou une application soit de manière gratuite (« Free »), soit de manière payante (« Premium ») avec les avantages associés.

Rien de bien nouveaux sous le soleil, si ce n'est que cela peut engendrer des dépenses plus difficilement maîtrisables, en particulier si c'est via le téléphone mobile de votre enfant.

Rien qu'en 2017, Apple a engrangé 38,5 milliards de dollars de dépenses sur sa boutique (Apple Store), quand Google fait, lui, 20,1 milliards de dollars (SensorTower). La majorité de cette somme est liée au jeu vidéo, et en particulier aux achats dits « in-app » des joueurs.

Si certains achats sont effectués une fois pour toutes, comme un abonnement premium à Spotify ou Netflix, d'autres sont des achats « consommables » ou « ré-approvisionnables » qui ne peuvent être utilisés qu'une seule fois, à l'instant T dans un jeu ou sur un programme.

Quelques exemples de ces achats :

- La vente d'articles, de contenu à l'unité ou de monnaie virtuelle (biens virtuels).

- La vente de nouvelles fonctionnalités dans un jeu (un pouvoir, une arme, un personnage…).
- La vente de Packs améliorés par rapport à l'offre de base.
- La vente d'applications similaires payantes.

Internet grouille malheureusement d'histoires de parents ravis de donner leurs mots de passe pour permettre à leurs enfants télécharger des « jeux gratuits ». Ces mêmes parents se retrouvent avec des factures de centaines voire de milliers d'euros. Et leurs moyens de paiement ont été débités par défaut.

Par exemple, un jeu gratuit vous propose de donner des cacahuètes à des ouistitis pour leur faire faire des tours. Plus vous les nourrissez plus ils progressent. Mais les suppléments de nourriture se vendent 3,99 euros par paquet. Ou 19,99 euros par boîte de 6 paquets… vous pouvez également donner des cacahuètes super dopantes à vos singes pour les transformer en un King-Kong star de music-hall, pour 89,99 euros seulement.

Les singes et les cacahuètes ont beau être virtuels, c'est bien votre argent réel qui disparaît.

Quelques conseils pour prévenir, ou guérir :

- Méfiez-vous de toutes fonctions connaissant vos coordonnées de paiement.
- Ne laissez pas vos enfants accéder à ces fonctions.
- Désactivez les achats in-app. Selon le système employé, vous trouverez dans « paramètres » ou « réglages ». Cherchez des mots comme « restrictions » ou « désactivez les achats intégrés ».
- A minima, utilisez les mêmes réglages pour imposer un mot de passe.
- Vous pouvez tenter de vous faire rembourser par Apple ou Google. Dans ce cas, faites votre réclamation rapidement après les faits.

MES ACHATS, MON ARGENT

34 COMMENT PROTÉGER MES COMPTES ET MES CARTES BANCAIRES ?

Un monde marchand sans frontières : voilà qui aurait fait rêver du temps des routes de la soie. Le Web a tissé une réalité où nous sommes tous des Marco Polo ; des explorateurs face à l'inconnu. Pourtant comme les premiers chapitres de ce livre le laisse deviner, les marchés virtuels ne manquent pas de tire-laines, coupe-bourses, rançonneurs et autres marchands de tapis.

Pour eux le terrain de chasse est vaste et les cibles potentielles nombreuses. En France uniquement, nous sommes 37 millions de « cyber-acheteurs » (2017, Fevad). Cette année-là, nous avons dépensé 81,7 milliards d'euros ; un chiffre en constante progression.

Malgré cet engouement, comme partout sur le Web, quelques précautions s'imposent.

Certains sites vous proposent parfois au moment du paiement de « garder en mémoire » vos informations de paiement pour vous faciliter la tâche lors de vos prochains achats. Décochez cette case pour éviter de laisser vos numéros de cartes traîner dans les bases de données des e-marchands. En particulier, soyez prudents avec les petits sites, dont vous ne connaissez pas bien la réputation. Préférez dans ce cas les paiements avec les systèmes de paiements fiables ou des cartes prépayées (nous y reviendrons).

Il n'y a pas que le paiement qui doit être sécurisé. Avant la phase de paiement, le prix du produit, le choix du site, les délais ou autres conditions de garanties et SAV doivent être examinés avec attention pour ne pas avoir de mauvaises surprises en cas de retour du produit acheté. Les histoires de sites marchands fantômes, où le numéro indiqué ne répond plus ou jamais, font florès.

Au moindre doute, ne fournissez pas vos données personnelles ou bancaires au risque de conséquences qui pourraient être dramatiques (usurpation d'identité, transactions bancaires frauduleuses…).

Fausses annonces promotionnelles, faux sites marchands officiels ou créés pour la circonstance, faux transporteur, faux support technique ou service après-vente… Toutes ces techniques frauduleuses seront utilisées par les criminels pour essayer d'abuser leurs victimes. L'idée est de leur faire réaliser un achat qu'elles ne verront jamais arriver, de les faire rappeler des numéros surtaxés, ou de leur voler leurs données personnelles ou bancaires.

Pour éviter les escrocs, il est souhaitable de se renseigner sur le vendeur, lire les commentaires le concernant, sur le site lui-même, mais aussi en faisant usage d'un moteur de recherche. Vous pouvez faire une recherche associée « nom du site/escroquerie/phishing » pour creuser davantage.

Le manque de prudence a un prix. Entre 2010 et 2016, ce sont 4,5 milliards d'euros qui ont été escroqués sur Internet, d'après les chiffres du procureur de la République.

COMMENT RÉALISER MES TRANSACTIONS EN TOUTE SÉCURITÉ ? 35

Internet permet d'effectuer toutes sortes d'opérations bancaires en ligne. Si vous voulez par exemple accéder aux services de votre banque, sans la contrainte des horaires d'ouverture de votre agence ou d'éloignement de celle-ci, vous pouvez utiliser ses services à distance ou opter pour un compte bancaire dans une banque 100 % en ligne. Certaines se sont d'ailleurs spécialisées sur la banque mobile et de nouveaux services afin de vous faciliter la vie (N26, Revolut, Orange Bank, Qonto pour les professionnels).

La banque en ligne vous permet de réaliser vos opérations à tout moment du jour ou de la nuit. Et si vous êtes sensible à l'argument du coût des produits et services bancaires, vous pouvez faire (quelques) économies en réalisant vos opérations en ligne et en vous passant de l'agence bancaire.

L'ouverture d'un compte bancaire en ligne n'a rien de différent de l'ouverture dans une banque classique. L'acte d'ouverture de compte est un engagement formel effectué par une personne physique ayant la capacité juridique de le faire. Les nouvelles banques citées plus haut ont toutefois réussi à considérablement simplifier les démarches et à rendre beaucoup plus transparentes les opérations. Sur la banque allemande N26, on met en avant une ouverture en 8 minutes, scan du passeport compris.

Les cartes bancaires prépayées rechargeables sont une autre alternative pour ceux qui souhaitent ne pas faire leurs achats sur Internet avec une carte de crédit liée à leur compte bancaire (ou ceux qui n'en possèdent pas).

Le (re)chargement de la carte bancaire s'effectue sur Internet ou dans une boutique dédiée. La carte bancaire prépayée fonctionnant uniquement à hauteur des fonds rechargés, lorsque les fonds sont épuisés, il faut à nouveau recharger la carte pour continuer à l'utiliser. Elle remplace donc très bien le liquide. Dans la plupart des cas, si une carte est perdue ou volée, le solde créditeur sera transféré à travers un nouveau compte, et le porteur de la carte recevra une carte de remplacement. Un émetteur de carte bancaire prépayée offre ainsi une garantie en cas de perte ou de vol, de sorte que le porteur profite des mêmes avantages que le titulaire d'une carte de crédit.

Les cartes prépayées sont aujourd'hui largement acceptées chez les commerçants et sur Internet. Le jeu en vaut donc la chandelle pour ceux qui craignent les arnaques. D'autant qu'avec 1,2 milliard de transactions réalisées sur Internet en France en 2017 (Fevad), on devient facilement adepte de l'achat en ligne.

Enfin, optez pour des achats à faibles montants. En moyenne, les Français dépensent 65,5 euros par achat, un montant en légère baisse par rapport à 2016 mais nos achats du quotidien sont aussi plus fréquents (Fevad).

36 NOS PAIEMENTS EN LIGNE SONT-ILS VRAIMENT SÉCURISÉS ?

Au tout début de l'Internet, après l'envie vitale de « chercher » avec Google, le besoin de faire commerce s'est rapidement imposé. Au tout début de cette nouvelle aventure, PayPal, un acteur historique aujourd'hui largement concurrencé par de nouvelles solutions. Il reste toutefois une figure emblématique du paiement sur Internet. Mais pour combien de temps encore ? Plus de vingt ans après la naissance de l'Internet grand public, les entreprises leaders américaines, mais aussi chinoises, sont parvenues à bâtir de véritables écosystèmes de partenaires, de filiales et de services autour du paiement.

Et pour animer ces nouveaux usages, elles choisissent de développer leur propre système de paiement. Une nouvelle technologie, déjà annoncée, permettra d'assurer les échanges de crypto-monnaies, ou de valeurs, sans devoir passer par aucun intermédiaire prélevant une commission : la blockchain.

Pour comprendre cette (r)évolution, reprenons l'histoire du paiement sur Internet. L'ancêtre Paypal est né en 1998 de la rencontre de deux start-ups : X-com, fondée par Elon Musk d'un côté, et Confinity du trio Max Levchin, Peter Thiel, Luke Nosek de l'autre.

X-com avait pour ambition d'offrir les services d'une banque en ligne ; une révolution à l'époque. La seconde se spécialisait en cryptographie et paiement en ligne via le logiciel PalmPilot. Vingt ans plus tard, PayPal est aujourd'hui un service de paiement en ligne parmi les plus utilisé, mais les nouveaux acteurs sur ce marché sont nombreux. Sont-ils tous fiables ?

Apple Pay et Google Wallet sont deux alternatives de taille. Chacune permette de créer un portefeuille digital, avec l'avantage d'être particulièrement ergonomique pour son téléphone Android (Google) ou pour l'iPhone. Avec eux, la sécurité est maximale puisque c'est votre empreinte qui vient confirmer un achat sur le téléphone.

En réalité, on cherche moins aujourd'hui à trouver la solution de paiement la plus fiable (les applications leaders le sont) qu'une qui corresponde à son activité. Ainsi, les professionnels de la vente en ligne ont aujourd'hui une multitude de solutions de paiement à disposition :

Stripe, WePay, TransferWise, Amazon Payments, Skirll, Intuit... Avec l'émergence des crypto-monnaies qui s'échangent sur la blockchain ultra-sécurisée et évolutive, beaucoup parient sur l'atomisation des solutions et sur le « à chacun sa monnaie, chacun sa solution dans le paiement ».

Pour l'heure, PayPal est loin d'avoir dit son dernier mot. Des partenariats avec MasterCard depuis 2007 ont étendu les possibilités commerciales en ligne, puisqu'il devint possible de payer depuis son compte pour tous les sites marchands acceptant les paiements MasterCard.

Enfin, que l'on paye grâce à PayPal ou à une autre solution, il est bon de rappeler que les faussaires existent toujours. Ils envoient régulièrement à de nombreuses adresses de messagerie Internet des invitations à vérifier leur compte. Il est impératif de ne pas tenir compte de tels messages, PayPal n'en est pas le véritable expéditeur (voir 16 « Comment repérer les principales arnaques ? »).

Ces faussaires incitent leurs victimes à se connecter à des faux sites très bien imités, où ils sont amenés à renseigner leurs numéros de carte bancaire, avec leur cryptogramme, leur titulaire et leur date d'expiration. Informations qui ne tombent pas dans l'oreille d'un sourd, on s'en serait douté. En attendant le tout cryptage que permet la blockchain, il faut donc rester prudent.

COMMENT GÉRER SA SIGNATURE SUR INTERNET ? 37

La signature numérique est une suite de chiffres et de caractères permettant l'authentification de l'auteur d'un document et l'intégrité de celui-ci. Le moins que l'on puisse dire, c'est qu'elle attise les convoitises à l'image de nombreuses jeune-pousses, les start-up (YouSign, AMTrust, DocuSign, Dhimyotis…) qui attirent plusieurs millions d'euros d'investissements pour leur développement. Et avec raison : d'ici 2020, le marché de la signature électronique devrait peser 1 milliard d'euros au niveau européen.

Concrètement, la signature doit pouvoir être infalsifiable et n'être pas transférable à un autre document. Un document signé électroniquement ne peut donc plus être modifié et il est marqué comme provenant du signataire.

Plus qu'un simple sceau apposé à un document, ce type de signature relève d'un procédé de cryptage. La méthode dite de hachage du document qui consiste à générer une empreinte composée de chiffres et de lettres propre à celui-ci. La moindre modification dudit document entraîne alors une modification du hachage. L'empreinte ou condensat est ensuite cryptée, ordinairement selon le système asymétrique des clés publiques et privées très utilisé de nos jours, et que va encore plus accélérer la technologie de la blockchain.

La signature numérique bénéficie en France du même statut et des mêmes effets juridiques que son équivalent manuscrit. Elle engage donc son auteur de la même manière.

Son intérêt réside dans la simplicité de son usage, qui ne nécessite ni encre ni papier et pas davantage la possession d'un scanner. Par ailleurs, la sécurité d'un document signé électroniquement est normalement plus grande que celle d'un document papier, plus facile à contrefaire. Son usage est aujourd'hui grandissant.

Il est à noter que le terme de signature sur Internet peut aussi faire référence à la signature manuscrite apposée sur des documents électroniques de format PDF. Il est important de ne pas confondre les deux, puisque cette dernière n'a pas la même valeur légale que la précédente.

Pour apposer de simples paraphes sur un document, les scanner et les insérer ensuite. Une autre méthode est d'enregistrer sa signature dans le logiciel d'ouverture et d'impression de fichier texte Adobe Reader. Dans ce cas, même s'il est possible en général de tracer sa signature à l'aide de la souris, le mieux est de fournir un scan de sa signature qui sera utilisé dorénavant par le logiciel. L'opération est distincte et séparée d'une certification électronique telle qu'évoquée plus haut.

En définitive, il faut s'attendre à une véritable révolution des usages. L'État français annonce sans cesse son intention de dématérialiser les démarches administratives. Au 1er octobre 2018, les entreprises candidates à un appel d'offres public ou pour un contrat devront ainsi impérativement envoyer leurs documents sous format digital, avec la signature numérique.

À l'étranger, la signature électronique est prise très au sérieux par certaines institutions. En 2018, un étudiant mexicain, qui avait oublié de signer électroniquement un document pour obtenir une Bourse pour le prestigieux MIT américain, a purement et simplement été recalé.

Pour aller plus loin : https://fr.wikipedia.org/wiki/Signature_num%C3%A9rique

COMMENT BIEN S'INFORMER SUR UN PRODUIT ? 38

Avant de choisir un restaurant, de réserver une activité touristique ou de prendre rendez-vous avec un professionnel, nous avons presque tous le même réflexe : consulter les avis en ligne avant l'achat. Nous sommes 77 % à le faire, et ce, tout en étant très dubitatif sur la véracité des commentaires laissés (86 %) ! (PagesJaunes/OpinionWay, 2017). La question de la fiabilité des avis client sera abordée plus loin, car elle est aujourd'hui capitale dans la prise de décision.

En vingt ans, Internet est devenu un immense marché et l'antichambre d'à peu près tous nos achats. Si nous avons vu précédemment qu'il existe beaucoup d'arnaques, dès lors, comment juger un produit que l'on désire acheter ?

Entre une mer de réclames, de tests produits, de contre tests et de vidéos. Quels sont les meilleurs angles d'attaque au moment de l'audit ?

Les sites des marques elles-mêmes sont en principe dignes de confiance quand ils énoncent les spécifications techniques du produit : poids, taille, composition, vitesse, format etc... Les photos sont bien sûr à prendre avec circonspection et les commentaires davantage encore. Notez que si Amazon a attiré 19 millions d'acheteurs français en 2017, engrangeant 18,6 % de part de marché dans l'Hexagone, c'est parce que la place de marché des marques et des particuliers surpasse encore ses concurrents notamment sur « l'expérience client ». Taille des vêtements par fournisseur, état des produits d'occasion, visuels grossissants, logistique millimétrée... tout est fait pour rassurer le client.

Les moteurs de recherche sont aussi l'outil de choix. Vous pouvez également associer successivement à vos produits les termes : « livraison », « problèmes », « SAV ». Bien sûr ces termes vous donneront des avis vraisemblablement orientés. En gardant cela à l'esprit, il peut néanmoins être utile de se renseigner sur le pire.

Vous pouvez aussi dans ce cas décrire le produit et le contextualiser dans votre recherche : quel packaging, quelle provenance, quel symbole sur la boîte...

N'oubliez pas que si vous ignorez le nom du produit une image peut vous aider à le retrouver en passant par des moteurs de recherche d'image (Google le fait très bien, il suffit de rentrer l'URL de l'image dans la case prévue pour les termes de la recherche).

Par ailleurs, les associations de consommateur proposent de nombreux tests très bien faits. 60 Millions de consommateurs, Léo Lagrange, Guillaume Slash (High Tech) les poids lourds ont des archives fournies.

En plus des vidéos de tests ou des tutoriels sur YouTube, certains internautes ou des journalistes ont fait l'effort du comparatif produits. Ils sont très utiles, surtout pour les nouvelles technologies. Cela n'est a priori pas le cas sur un site média, mais pour les autres, prenez la peine de vous poser la question du placement produit : le vidéaste est-il rétribué par la marque pour ses conseils ? En principe, il le mentionne en dessous de la vidéo ou grâce à un hashtag type #ad, #publicité, ou « sponsorisé ».

Les forums dédiés à différents types de produits (automobile, informatique, alimentation…) ont presque toujours leur propre moteur de recherche. Il peut être intéressant de lire un fil de discussion même déjà ancien pour se faire son idée des défauts et qualités possibles de l'article.

Pour aller plus loin :

https://www.brightlocal.com/learn/local-consumer-review-survey/

https://marketingland.com/survey-customers-more-frustrated-by-how-long-it-takes-to-resolve-a-customer-service-issue-than-the-resolution-38756

COMMENT JUGER D'UN PRIX SUR INTERNET? 39

Ventes privées, ventes flash, « prix Internet », vouchers... Pour les marques, le digital a créé toute une palette de nouveaux leviers pour maximiser ses ventes. À tel point que le consommateur, mieux informé de ces pratiques, boude les traditionnelles soldes d'été et d'hiver qui peinent de plus en plus à trouver leur place. Pour l'hiver 2017, ils étaient 77 % de Français à envisager de faire leurs soldes sur Internet (Fevad, CSA) ; les femmes et les personnes âgées en tête. Le gain de temps et le fait d'éviter la foule sont leurs principales motivations.

C'est d'ailleurs grâce à une logistique toujours plus avancée, pour vous livrer en temps et en heure, que les géants Ebay et Amazon ont fait leurs armes et leur fortune sur la toile. Après eux, c'est l'argument du choix et de la quantité : les diffuseurs de produits culturels, films, séries, et événements qui y développent des catalogues de plus en plus larges et alléchants.

Si l'offre s'élargit, les comparateurs de prix promettent, eux, au consommateur de ne payer que le meilleur prix à options égales. TripAdvisor, TrainLine, Booking, Opodo, GoVoyages, Liligo... Pour les voyages par exemple, des services Web répondent à une requête donnée par une liste de produits disponibles chez différents commerçants.

Le prix des billets d'avion est passé à 200 euros alors qu'il n'était que de 150 euros 15 minutes plus tôt. Manque de chance ? Vous êtes-vous demandé pourquoi les billets de train et d'avion varient d'une minute à l'autre sur Internet ?

Pratique courant sur le Web, les commerçants adoptent en réalité le processus dit de « dynamic pricing » ou encore de « l'optimisation de la recette tarifaire » (charmant). Selon cette méthode, ils changent le prix d'un article en fonction de critères, comme vos historiques d'achat et de navigation Internet, et même de votre adresse personnelle, qui leur donnent une idée de vos revenus. Pour vérifier si cette technique est employée par un site, vous pouvez vous renseigner sur un même produit en utilisant votre smartphone au lieu de votre ordinateur de bureau, ou l'inverse. Si le prix est différent sur les deux supports, l'emploi de la technique est mis en évidence.

Alors que faire ?

Chaque ordinateur (ou smartphone) est identifié et associé sur Internet à un numéro, son adresse IP. Le site d'une compagnie, peut vous reconnaître grâce à cette adresse IP. C'est qu'on appelle l'« IP tracking ». Des algorithmes ont été développés pour enregistrer vos recherches et comprendre que si vous effectuez la même recherche plusieurs fois à peu de temps d'intervalle, c'est que vous êtes très susceptible d'acheter des billets d'avion prochainement. L'idée est que l'usager réponde à l'augmentation des prix par un achat immédiat.

Il faut donc réaliser son achat soit avec un autre appareil comme votre smartphone si vous en possédez un, soit sur un réseau public (il en existe de plus en plus dans les cafés et restaurants par exemple).

Vider son historique et passer en mode de navigation privée est également conseillé, votre adresse IP reste la même, mais les cookies de votre navigateur peuvent également servir à vous pister.

Enfin, si vous estimez avoir été lésé par un site, n'hésitez pas à vous tourner vers des associations de défense de consommateurs.

Dans notre lexique : adresse IP.

Pour aller plus loin :

https://www.quechoisir.org

http://www.leolagrange-conso.org/

FAUT-IL CROIRE LES AVIS CLIENTS ? 40

Toujours plus consultés avant de prendre une décision (nous serons bientôt 90 % d'internautes à le faire, d'après Dimensional Research, Emarketer/BrightLocal), les avis clients sont les précurseurs d'un Internet que beaucoup attendent avec impatience ; celui basé sur « l'économie de la Confiance ». Mais peut-on vraiment ériger la confiance au rang de Loi universelle sur Internet ? C'est ce que promet en tout cas la technologie de la blockchain (ou chaine de blocs), où chaque maillon, de la fabrication à l'achat d'un produit jusqu'à sa livraison, est capable d'apposer le sceau de la fiabilité sur le suivi et la qualité de votre achat. Autrement dit, c'est la confiance absolue dans tout acte sur Internet, de manière systématique, automatique et transparente.

Mais pour l'heure, nous adorons consulter les avis, et pas seulement pour acheter en ligne. L'entreprise américaine Glassdoor s'est par exemple spécialisée dans l'avis des salariés sur leurs entreprises. Une offre qui répond au besoin des candidats en phase de recrutement qui cherchent à savoir qui est leur potentiel employeur, ce qu'en disent ses employés…

Du côté des commerçants, pouvoir de la recommandation et bouche-à-oreille obligent : les consommateurs accorderaient jusqu'à douze fois plus de confiance à l'avis d'autres consommateurs qu'au descriptif du vendeur (eMarketer, 2017). Ces revues de clients sont donc une mine d'or… quand elles sont réelles.

De fait, rien que sur Yelp, un site américain spécialiste des avis de consommateurs auprès de restaurants, sorties, etc. 16 % de ceux affichés sont faux, d'après une étude menée par la Harvard Business School en 2015. La DGCCRF (Direction générale de la concurrence, de la consommation et de la répression des fraudes) avance même le chiffre de 35 % d'avis « non conformes » (2016). Malgré l'adoption d'une norme Afnor (Agence Française de Normalisation) contraignant les entreprises à garantir la véracité des avis, force est de constater qu'une loi s'avère bien vaine sur le sujet.

Des solutions existent pour authentifier les avis. On peut citer la solution Opinion System qui délivre une certification Iso grâce à son analyse algorithmique, Avis-Vérifiés pour les professionnels, Trustville pour les points de vente, fia-net.com propose un annuaire de sites vérifiés par des particuliers.

En attendant, ces fausses revues peuvent être laissées par des amis, des employés, voire des ex-employés revanchards, des concurrents, ou des personnes rémunérés (car cela marche autant dans les sens positifs que négatif).

Si les sites peinent en général à faire le tri entre le vrai et le faux. Comment le faire à leur place?

- Tout d'abord, vérifier la date des commentaires, un grand nombre de commentaires élogieux dans un temps très réduit est peu probable, ou alors pas sans son contraire.
- Dans la même veine, méfiez-vous des expressions répétées de message en message; elles incitent à penser à une série écrite par la même personne et postée depuis des adresses mail de complaisance.
- Le ton est-il celui d'une info-publicité?
- Une abondance de messages lapidaires et immanquablement positifs peut faire penser au travail d'une personne rémunérée à l'envoi.
- De même que pour les mails vous annonçant monts et merveilles, l'excès d'emphase apporte le doute.

Avant de faire confiance à un site, renseignez-vous sur sa réputation grâce à votre moteur de recherche.

Vérifie-t-il les adresses IP des personnes laissant des commentaires? Les profils douteux sont-ils supprimés régulièrement?

Les faux portent un préjudice grave à la confiance des consommateurs, n'hésitez pas à les signaler. Pour vous manifester avec politesse et transparence, il y a d'ailleurs les réseaux sociaux sur lesquels vous pouvez adresser directement des messages aux marques peu rigoureuses sur le sujet (Twitter et Facebook en particulier).

Soyez un critique intransigeant, c'est le pouvoir de la communauté qui fera naître l'économie de la confiance.

41 LES SYSTÈMES DE NOTATION SONT-ILS VRAIMENT FIABLES ?

À l'origine, les systèmes de notation furent créés (notamment avec eBay) pour établir de la confiance avec le client. Des étoiles, des cœurs, des pouces levés… Avec l'émergence de l'économie dite « collaborative », celle qui permet à des non-professionnels de proposer toute une série de services allant du prêt de voiture à la location de son logement, les systèmes de notation ont pris d'assaut nos écrans. 74 % des internautes trouvent essentielle la possibilité de noter ses pairs pour instaurer la confiance (OpinionWay, 2015). Mais ces barèmes sont-ils vraiment fiables ?

Tout d'abord, il est important de considérer le type de notation qui accompagne en général ces avis. Le système le plus courant est celui des étoiles, de 1 à 5 par exemple. Mais force est de constater qu'une certaine ambiguïté existe du fait de la diversité des produits et services notés. Comment attribuer une même valeur de notation entre un film et un chauffeur ? Un logement et un simple conseil ?

Alors qu'un film cherche à gagner ses étoiles, un chauffeur espère ne pas en perdre. Aussi une note de 3 sera correcte pour une sortie cinéma, mais très médiocre pour un conducteur, qui pourra voir son emploi menacé par un trop grand nombre de notes de ce genre.

- Le contexte, site et service, est donc toujours à étudier avant de lire des avis (ou d'en rendre un soi-même).
- Posez-vous la question du type de produit et de la manière dont il sera noté, de manière « descendante » ou « ascendante » ?

Dans son article « Depuis quand 4 étoiles est une mauvaise note », l'éditorialiste Ethan Wolff-Man raconte comment lors d'un trajet entre son appartement et l'aéroport, il a remarqué que le chauffeur Uber n'avait pas pris, lui semblait-il, la route la plus courte. Aussi, il explique lui avoir donné 3 étoiles, pour lui signifier : bien mais pas parfait. Or, un peu plus tard, il découvre que Uber assure vouloir se débarrasser des chauffeurs ne pouvant maintenir une moyenne de 4.6 étoiles sur 5. Résultat, son appréciation modérée est une menace de licenciement. Dans ce cas précis, on comprend que la notation est moins au service de l'utilisateur, qu'à celui de la société elle-même. Ajoutez à cela que, dans une société automatisée où les robots pourraient assurer toujours plus de services, certains redoutent, au travers de l'exemple d'Uber, que les humains deviennent esclaves de ces notes de performance ! Pure science-fiction ?

Les notations sont aujourd'hui dominées par les 5 et les 1. Ce qui a poussé YouTube par exemple à préférer le système binaire des « like » et « dislike ».

Cette situation pousse certains professionnels à publier des messages tel que celui-ci : « Si vous estimez que cette transaction est autre que cinq étoiles, s'il vous plaît contactez-nous avant de laisser des commentaires et nous allons certainement essayer de résoudre le problème. » De fait, toute note inférieure est jugée dangereuse pour l'image d'une entreprise.

Le biais personnel lié à la perception de la réputation d'un produit peut aussi influencer la note attribuée, souvent en la gonflant indûment. Parce qu'une célébrité aimée d'une large communauté aura utilisé un produit, ce dernier gagnera immédiatement en réputation auprès de ses « followers » (suiveurs). Autrement dit, comment échapper à l'école des fans 2.0 ?

Difficile en tout état de cause de juger la qualité d'un produit à un nombre qui ne signifie pas grand-chose par lui-même.

Le cœur d'une revue est donc bien plus important que ses « étoiles » ; cela vaut pour un programme TV, une location ou un restaurant. Demandez-vous simplement si le texte vous paraît sincère. Et avant d'attribuer un « 3 étoiles » rappelez-vous qu'il peut être l'équivalent d'un avertissement travail. Jusqu'à certaines dérives, à l'instar de la Chine où l'on note déjà les citoyens avec un « crédit social » sur des actes spécifiques…

Pour finir sur une note optimiste, on peut néanmoins compter sur une amélioration des systèmes de notation, notamment grâce à l'émergence de la technologie blockchain qui démultiplie les possibilités du« pair à pair ». Les notations ne se feront alors plus de manière « croisée », entre un fournisseur et un client, mais reposant sur une multitude d'entités, toutes plus fiables dans la chaine d'avis.

Pour aller plus loin : http://time.com/money/page/online-reviews-trust-fix/ Ethan Wolff-Man

ACHETER D'OCCASION SUR LE NET : COMMENT SE PROTÉGER DES MAUVAISES SURPRISES ?

42

Avec un champ de découvertes multiples et variées quasi infini, Internet a le don de stimuler notre instinct de dénicheur de bonnes affaires. Pour les chasseurs que nous redevenons alors, l'objectif est clair : faire une affaire avec un produit presque neuf et qui marche ! Surfant sur ce doux rêve, le marché de l'occasion pèse désormais 6 milliards d'euros au niveau mondial (Xerfi, 2016) et Internet s'arroge une part colossale avec 40 % du total de ces transactions. Résultat, dans l'automobile par exemple, l'occasion surpasse allègrement les ventes de véhicules neufs.

Reste que pour éviter les pièges, vous voulez bien sûr éviter de donner vos coordonnées bancaires à des sites ou des inconnus. De fait, à côté des géants du domaine comme Ebay ou Leboncoin, il existe en effet une myriade de sites plus modestes qui n'offrent peut-être pas les mêmes garanties, mais qui ont potentiellement les affaires intéressantes.

Vérifiez tout d'abord la liste des accessoires fournis, examinez les photos du produit et n'hésitez pas à demander des précisions au vendeur.

Pour un objet le permettant, annoncer par avance votre intention de tester le produit lors de la conclusion de la vente, cela suffit souvent à faire fuir les vendeurs peu scrupuleux.

Pour fixer le montant de votre offre, basez-vous sur les prix de produits d'occasion aussi similaires que possibles, demandés par les vendeurs. Les prix offerts par les acheteurs peuvent être loin de la marque. Vérifiez bien sûr que vous avez un intérêt alors à acheter d'occasion.

Il faut être particulièrement prudent avec des objets fragiles et souvent onéreux tels que les smartphones. Si vous ne pouvez conclure la transaction par une rencontre, envisagez de passer par un site proposant une option de retour des objets ne donnant pas satisfaction (comme Swappa). Vérifier également que le téléphone n'a pas été volé en faisant une recherche avec le numéro d'IMEI de l'appareil (le « International Mobile Equipment Identity », est un numéro d'identification unique à un terminal mobile). Un appareil volé peut être mis sur liste noire par les fournisseurs de services ou se voir la cible d'une enquête de police.

Les notes des vendeurs sont un bon indicateur de sa probité, à condition de savoir les replacer dans le contexte. « 80 % », ou 3 étoiles peuvent sonner positivement à nos oreilles d'anciens écoliers ; or ce sont en général de très mauvaises notes pour des vendeurs qui cherchent à approcher les 5 étoiles ou les 100 %. Comparez-les avec leurs pairs. Tout le monde peut avoir été victime d'une critique injuste ou simplement mal calibrée, mais c'est à vous de savoir si vous voulez prendre le risque de vous engager commercialement avec un vendeur ayant fait l'objet de réserves.

Penser qu'un moyen de paiement alternatif, comme Paypal, Orange Bank, Google Wallet… peut être utile pour éviter de renseigner ses coordonnées bancaires (voir 36 « Nos paiements en ligne sont-ils vraiment sécurisés ? »). Cela s'applique en particulier dans le cas des sites que l'on n'a pas l'habitude d'utiliser, par opposition aux géants du domaine à la réputation plus établie. *Paypal* permet également de faire jouer, sous certaines conditions, une garantie en cas de non livraison ou de produit défectueux. Les cartes de crédit peuvent enfin présenter ce genre de garantie selon votre abonnement.

Enfin, n'oubliez pas de faire part de votre ressenti, en bien comme en mal, sur le site de vente. Sans oublier d'adapter vos notes au barème en vigueur sur celui-ci.

43 QUELS SONT MES DROITS QUAND UN PRODUIT ACHETÉ SUR INTERNET NE ME CONVIENT PAS ?

Jusqu'ici, dans les sous-sols de ses réserves, le commerçant traditionnel devait gérer de potentielles montagnes « d'invendus ». À l'heure du digital qui permet le miracle de réagir à la commande et de supprimer les stocks (ce qui a d'ailleurs fait le succès de société comme Vente-Privée), il faut toutefois s'attaquer à un autre défi : la gestion du « taux de retour ». Car ce produit, à bien y regarder, ne vous va pas comme sur la photo du site ; vous décidez donc de le renvoyer à la e-boutique. Or, en France, ce taux atteint 24 % (Fevad, 2016), soit près d'un produit sur quatre ! Cela reste toutefois inférieur à nos voisins Allemands qui consomment et renvoient allègrement (41 %) à l'expéditeur.

De fait, il est bon de savoir que lorsque vous achetez en ligne, que ce soit du neuf, de l'ancien ou du soldé, vous bénéficiez d'un droit de rétractation et donc de retour si la marchandise est arrivée à bon port.

Vous pouvez exercer ce droit sans avoir à justifier d'un motif, ni à payer de pénalités (à l'exception des frais de retour).

Vous devez pouvoir examiner et essayer le bien acquis. Le commerçant ne peut s'opposer à l'exercice de ce droit.

Il existe des exceptions dans les cas suivants (sauf geste commercial du vendeur) où la rétractation ne marche pas :

- Biens personnalisés ou sur mesure.
- Biens qui sont susceptibles de se détériorer rapidement : fleurs, sous-vêtements, denrées périssables...
- Contenu numérique fourni sur un support immatériel dont l'exécution a commencé avec votre accord et pour lequel vous avez renoncé à votre droit de rétractation.
- CD ou DVD (si vous en trouvez encore !) sorti de son emballage.
- Biens qui sont la partie indissociable d'un autre bien (couvercles, pièce d'une machine).
- Périodiques et journaux (hors contrat d'abonnement).
- Enfin, les biens ou services dont le prix est fonction de fluctuations des taux du marché financier.

Vous n'avez pas non plus de droit de rétractation pour les services suivants : hébergement (autres que des hébergements résidentiels), transports de biens, locations de voitures, restauration et activités de loisirs devant être fournis à une date ou à une période déterminée.

Vous pouvez exercer votre droit dans un délai de quatorze jours. Si le délai de rétractation prend fin un jour férié ou chômé, il est prolongé jusqu'à l'expiration de la dernière heure du jour ouvrable suivant.

Les 14 jours sont comptés à partir du lendemain de la réception pour un bien, de la validation de la commande pour un service. C'est à vous de prouver que vous avez exercé votre droit de rétractation dans le délai prévu.

Pour l'annulation d'un contrat de prestation de services, préférez l'envoi d'un courrier en recommandé avec avis de réception. Pour le retour des produits, pensez à vous ménager une preuve du renvoi (attestation de remise à un transporteur, récépissé de dépôt à La Poste, etc.). Vous devez faire connaître au vendeur votre décision de vous rétracter, par un document type fourni par lui, un mail, un courrier ou votre espace client si le cas est prévu. Il vous faudra régler les frais de port. Des frais de dossier ou autres pénalités d'annulation ne peuvent pas être retenus.

Le vendeur peut prévoir des modalités de retour du produit spécifiques (retour par transporteur, enlèvement, etc.) si elles sont justifiées par l'objet même du contrat. Mais il ne peut pas vous être demandé de retourner un produit en recommandé s'il vous a été envoyé, par exemple, par colis simple.

En cas de doute, le code de la consommation est accessible sur Internet sur le site https://www.legifrance.gouv.fr.

Et également sur le même site, la Loi n° 2004-575 du 21 juin 2004 pour la confiance dans l'économie numérique, TITRE II : DU COMMERCE ÉLECTRONIQUE.

https://www.legifrance.gouv.fr

Le code de la consommation :

Loi n° 2004-575 du 21 juin 2004 pour la confiance dans l'économie numérique, TITRE II : DU COMMERCE ÉLECTRONIQUE

https://www.inc-conso.fr/content/acheter-sur-internet-en-10-questions-reponses (Patricia Foucher, Marie Martin).

44 LE « FAITES LE VOUS-MÊME » EST-IL UNE SOURCE D'ÉCONOMIE ?

Il faudrait commencer par mentionner que le « Faites-le vous-même » ou « Do it Yourself (DIY) » en anglais, va bien au-delà d'une simple manière de faire des économies. Il est une éthique par lequel un individu s'engage à se passer des services d'un expert rémunéré pour accomplir une tâche donnée. Il implique l'idée de développer son savoir et ses compétences, notamment dans les domaines manuels, où elles sont parfois aujourd'hui mésestimées.

Internet a été un formidable outil de développement de cette philosophie de vie, qui a donné naissance ces dernières années à ce qu'on appelle la culture « Maker », ou « Bâtisseuse ». Point d'orgue de ces nouvelles générations, des nouveaux lieux baptisés « Fab Lab » (fabrication laboratory), dans lesquels on met à disposition de tout à chacun des outils, des plans, des imprimantes 3D pour reproduire des modèles...

Il est en effet bien plus facile de tirer parti des ressources du net, en termes de savoir-faire et détails techniques, que de devoir se limiter aux transmissions orales ou aux recherches documentaires d'antan.

Au quotidien, les applications sont multiples : entretien de la maison ou de la voiture, fabrication de meubles, vêtements, bijoux fantaisie, déguisements, armes ou objets d'art...

Quels sont les meilleurs moyens de se transformer en un « bâtisseur/euse » ? Quels sont les outils disponibles pour devenir sachant ?

- Les tutoriels permettent une démultiplication du rapport élève/mentor. Extrêmement nombreux sur les services d'hébergeurs de vidéos comme YouTube, ils sont abordés dans un autre chapitre. En milieu professionnel, vous entendrez parler de leurs équivalents, des « webinars », similaires à des tutoriels, mais en plus de la vidéo, ils sont accessibles en direct et avec des illustrations afin de pourvoir réagir aux questions techniques posées.
- Comptez également sur les forums, les « chaînes de discussion » sur des applications de messagerie telle Telegram, des groupes de centres d'intérêts qui permettent de poser des

questions (Facebook), des articles et billets de blogs, pour citer les principaux. Chacun s'y retrouve sur un pied d'égalité.

- Les sites personnels de makers sont souvent très riches en plans de fabrication, et en suggestions pour savoir où trouver les bons fournisseurs ou les outils adéquats. Les photos peuvent aussi servir de motivation !
- Les imprimantes 3D permettent de créer physiquement les pièces de son plan à partir d'empilement de couches d'un produit donné, en général du plastique ou de la poudre de métal. Elles sont aujourd'hui abordables à l'achat, et de plus disponibles à l'usage en boutique ou à distance par livraison. Aux États-Unis, on peut désormais imprimer en 3D un revolver (le port d'arme est inscrit dans la constitution)... évidemment non sans soulever la polémique ou la colère d'associations.

Pour ce qui est des économies réalisées avec cette approche DIY, elles ne seront peut-être qu'un bonus en sus des connaissances acquises ; elles peuvent néanmoins être conséquentes. Sur Internet, vous trouverez des gens qui donnent les recettes pour fabriquer un produit de lavage, des yaourts, des vêtements, des meubles... mais aussi et surtout des conseils pour éviter d'appeler un réparateur informateur, un plombier (Family Handyman en anglais) ou encore un électricien qui laissent toujours un souvenir impérissable avec leur facture et frais de déplacement.

COMMENT BIEN VENDRE SUR LE NET ET OBTENIR LE MEILLEUR PRIX ?

La première chose à faire est d'obtenir une estimation fiable du prix de revente de l'objet. Pour cela chercher les listes de ventes de produits similaires des sites comme Ebay, Sage BlueBook, CraigList, Vivastreet ou Amazon. Cela vous permettra de déterminer si le jeu en vaut la chandelle.

Prenez aussi en compte dans votre calcul les éventuels frais débités par le site. Créé en 2006, Leboncoin est le site leader de la vente d'occasions. Il permet de poster gratuitement une annonce pendant deux mois, que l'on peut modifier moyennant 2,95 euros. Priceminister-Rakuten prélève, lui, une commission à la vente de l'objet. Pour les produits high tech reconditionnés, il y a BackMarket également. Constatant l'engouement, l'enseigne la Fnac s'y est mise ensuite avec Fnac Marketplace. Autre succès du Web, les sites qui permettent de revendre ses habits tel Videdressing.

Depuis 2017, Facebook est même rentré dans la danse de la vente entre particuliers avec sa fonctionnalité Marketplace qu'il a même étendu aux professionnels (artisans et services à domicile). L'avantage de Facebook réside dans sa batterie de filtres disponibles quand on cherche un produit (lieu, profils des acheteurs) et sur la possibilité de discuter via Messenger, un service également dans l'écosystème de l'Américain.

Prêt à vous lancer ? Avant de vendre, vérifier que l'objet est en bonne condition. Tant mieux si vous avez encore les emballages d'origine. S'il présente une usure estimez celle-ci, et indiquez-la.

Choisissez le site de votre vente en fonction de leur réputation, et de leur niveau d'activité concernant le type du produit (vérifiez la date des ventes similaires). Familiarisez-vous avec celui-ci : Quelle est sa politique de retour ? Son système d'évaluation des vendeurs ?

Prenez de bonnes photos. Et ce, du produit lui-même comme des accessoires. Vous aurez du mal à réaliser une vente sans elles. Une lumière naturelle peut être souhaitable, de même qu'un fond blanc pour les clichés de petits objets. Effacez toute information de vos supports électroniques, ou tout étiquetage.

Procédez à une description détaillée et honnête. Soignez l'orthographe.

Quand vous décidez d'ouvrir des enchères pour votre bien, assurez-vous qu'elles s'achèveront à une heure de connexion importante (c'est-à-dire en fin d'après-midi ou en début de soirée). Vous aurez ainsi plus de chance d'attirer du monde, et donc plus de chance d'obtenir un meilleur prix.

Rappelez-vous enfin qu'Internet a une mémoire outrageusement développée et que les réputations commerciales, comme dans le reste de l'économie, s'y bâtissent bien plus lentement qu'elles s'y défont en cas de manquement à ses engagements. Les vendeurs sont presque toujours notés par les acheteurs sur les sites de vente en ligne.

Un bon réflexe : n'hésitez pas à écrire la description de l'objet en anglais également. Il pourrait convaincre l'un de nos voisins européens, et lui facturez l'envoi à l'international en conséquence.

COMMENT ÉVALUER LA FIABILITÉ D'UN ACHAT ÉTHIQUE ?

Nous sommes de plus en nombreux à vouloir consommer « propre » ou « mieux ». 79 % de Français souhaitent par exemple voire davantage de produits dits « équitables » dans les rayons des magasins (OpinionWay, 2017). Ils sont encore plus convaincus lorsqu'il s'agit des actions d'une entreprise : 90 % estiment qu'il lui est possible d'être performante, tant sur le plan économique qu'écologique. Et pour cause. Dans notre époque surinformée, le consommateur-sachant se perçoit de plus en plus comme partie intégrante d'une chaîne, dont il doit assumer la responsabilité globale au regard de ses propres valeurs.

Le commerce éthique a pour but d'apporter des améliorations environnementales, hygiéniques ou sociales dans le commerce international et les conditions de travail.

À 65 %, nous sommes prêts à payer plus cher un produit qui a un impact environnemental positif, indique le site e-RSE.net. Pour les reconnaître, voici différents types d'achats éthiques, qui ne s'excluent d'ailleurs pas mutuellement :

- Le partage équitable des profits le long de la chaîne de production et distribution.
- Le respect de normes environnementales et sanitaires strictes.
- Le soucis des communautés locales dans les pays producteurs.
- Un engagement en faveur de conditions de travail dignes.

Le commerce éthique a aujourd'hui le vent en poupe. Du moins en apparence. Le problème vient de la force du marketing, d'autant que celui-ci sait se montrer très réactif, voir opportuniste.

On parle ainsi de Greenwashing pour les tentatives faites de se donner, superficiellement une image de compagnie soucieuse de l'environnement. Parmi les exemples, le récent bannissement des pailles pour lutter contre les tonnes de déchets plastiques en fait partie. L'américain Starbucks, qui sert 4 milliards de cafés et boissons par an (avec une paille), s'y est dès lors engagé. Mais certains dénoncent déjà les matériaux qui seront utilisés pour la remplacer, en plastique eux-aussi. Ou encore Nestlé, qui, selon Greenpeace, n'en ferait pas assez sur le sujet, malgré ses annonces, toutes plus saintes les unes que les autres. La même chose existe avec la santé, on parle alors de Health Washing. Enfin, on peut citer le dernier label « Tech For Good », la dernière tendance dans le vent, tant auprès du politique que des grandes entreprises qui dominent l'économie numérique. À travers lui, on promet un progrès numérique plus juste au niveau du collectif, mais les gains réels pour l'individu (qui reste un consommateur) et le partage de connaissances restent parfois flous. Qu'à cela ne tienne ; à chaque fois cela donne l'occasion de lancer une nouvelle campagne publicitaire ou de redorer son image.

Les questions pour tâcher d'y voir clair :

- Interrogez d'abord la réputation de la marque. Faites-la remonter avec une recherche Internet et des mots associés en français et en anglais, tels « faits (erreur) », « scandal », « trial (tribunal) » ou « lobbying » : n'hésitez pas à creuser au-delà de la première page, vous trouverez une image moins aseptisée.
- Si vous détectez un problème, lancez alors une recherche sur les composants pris individuellement. On a parfois des surprises, bien loin des images idylliques véhiculées par les publicités.
- Quels sont les principaux labels éthiques en France ?

Pour ce qui est de l'achat écologique, il faut mentionner le bien connu label Agriculture biologique (AB). C'est un label de qualité français, créé par le ministère français de l'agriculture.

Pour le commerce équitable, différentes associations sont impliquées :

- Le label Max Havelaar de l'association Fairtrade International. Avec 535 millions d'Euros de chiffre d'affaires en France en 2016, c'est un géant du domaine. Les produits du label Max Havelaar sont disponibles en grande surface et peuvent inclure certains produits de grande marque.
- On peut citer également Artisans du Monde et Minga, deux associations françaises ayant pour but la promotion du commerce équitable, et n'ayant pas de partenariats avec les grands réseaux de distribution.
- Concernant spécifiquement les vêtements, il existe des entreprises qui se présentent comme vendeur de produits éthiques comme Modetic, Filabio. Naitika, Ekyog…

- Une économie du tourisme équitable se développe aussi, avec des ambitions similaires : éco-responsable, respectueuse des communautés locales et attachée à une meilleure redistribution des profits générés.

Au final, chaque label se vaut bien. Votre critère devrait peut-être se situer sur le partage de connaissances que propose l'entité présentée comme éthique : font-ils tout pour améliorer réellement ma capacité à comprendre l'ensemble de la démarche ? Utilisent-ils les nouveaux outils qui permettent une totale transparence et un contrôle sur leurs actions ?

47 COMMENT SOUTENIR DES CAUSES QUI NOUS TIENNENT À CŒUR ?

De plus en plus de donateurs, en particulier au sein des jeunes générations, cherchent à faire davantage qu'à verser une simple obole. En 2014, 16 % des moins de 35 ans donnaient en ligne. Deux ans plus tard, ils étaient 22 % (e-donateurs LIMITE-Ifop). Aussi, les dons et charités sur Internet ressemblent de plus en plus à des investissements. Le retour attendu en est bien sûr plus émotionnel que financier, mais le principe est de se sentir impliqué, de porter et faire grandir une cause, ou une artiste.

En 2015, les Français ont donné 7,5 milliards d'euros (Fondation de France/Don en Confiance). Mais pour cet élan de générosité, Internet dispose d'un avantage : la variété des causes à soutenir ainsi qu'un lien à la fois plus transparent et direct avec les porteurs du projet. Ainsi, plus besoin de donner pour des organismes dont vous ignorez tout en matière de traçabilité du don. Bientôt, tout cela devrait devenir totalement limpide grâce à des technologies de traçabilité. Voici pour l'heure les options :

- Versez un pourcentage du montant de vos achats à des œuvres caritatives de votre choix.

  iGive permet d'acheter sur un grand nombre de boutiques en ligne. Si l'on fait des achats par son biais, ces boutiques s'engagent à verser 3 % du montant à des causes de votre choix. AmazonSmile, du site de commerce en ligne du même nom, s'engage à hauteur de 0.5 % dans les mêmes conditions.
- Prêtez de l'argent sous forme de microcrédit. Kiva, une organisation à but non lucratif finance des institutions de microcrédit à travers le monde grâce aux prêts des internautes. Les fonds des prêteurs sont transférés à Kiva par l'intermédiaire de PayPal qui ne prend pas de frais dans ce cas.
- Donner à une association via une plateforme sécurisée qui offre toute une série de services aux ONG (HelloAsso, AssoConnect, ou encore la cagnotte Leetchi). En 2016, un e-donateur donnait en moyenne 160 euros par an.
- Levez des fonds en ligne pour une cause qui vous est chère. JustGiving pour causes charitables et personnelles : opération

de chirurgie esthétique pour personnes défigurées, traitement coûteux pour des enfants, etc.

- Jouez en finançant des projets caritatifs. Zynga.org est une organisation à but non lucratif créée par le développeur de jeux Zynga. Le produit de la vente de certains biens virtuels dans les jeux du développeur est versé à causes comme l'accès à l'eau ou l'aide aux victimes de tremblements de terre.
- Soutenez des actions sur un thème donné. Cocoricauses est une plateforme de financement participative innovante spécifiquement dédiée aux projets ruraux.
- Soutenez des artistes et créateurs. Patreon est une plateforme de financement participatif. Elle sert à financer des artistes dans de nombreux domaines : créateurs de contenu sur YouTube, musiciens ou artistes de bande dessinée en ligne. De même, Tipeee est une plateforme française de financement participatif largement similaire à Patreon dans ses objectifs. Elle fonctionne selon le principe du « pourboire » : on laisse de l'argent aux créateurs de contenus nous ayant séduit.

À l'heure où nous écrivons, la pauvreté est loin d'être éradiquée de la surface du globe. Mais la multiplication des œuvres sur Internet, plus locales, plus directes et plus horizontales offre de belles perspectives.

Pour aller plus loin :

https://www.npr.org/sections/alltechconsidered/2014/10/13/338295367/how-millennials-are-reshaping-charity-and-online-giving?t=1532798246236 Elise Hu

https://www.wired.com/2014/05/zynga-games-for-good/

48 JEUX D'ARGENT EN LIGNE : COMMENT PRÉVENIR L'ADDICTION ?

Ils sont 200000 joueurs en ligne en France victimes de leur addiction. C'est presque déjà autant que pour les jeux dans un milieu physique tels les casinos (250000, Observatoire des jeux, 2018).

Si l'on ne fait guère la différence, c'est parce que les addictions aux jeux d'argent en ligne répondent aux mêmes critères que les autres.

Mais du fait de l'ouverture permanente des sites de jeux, et des invitations constantes en ligne à y accéder, elles peuvent être encore plus destructrices. Pour les proches d'un joueur, elles restent pourtant plus dures à cerner. Des chercheurs ont tenté d'établir le profil-type de l'accro aux jeux en ligne : il serait un homme de moins de 28 ans, qui jouent plus de 60 parties par mois, perdant plus de 1,70 euros à chaque partie (Inserm, Université Paris Sud, 20Minutes, 2016). À partir de là, l'idée des scientifiques serait de pouvoir implémenter un algorithme de détection des comportements excessifs au jeu sur les sites eux-mêmes, et ainsi pouvoir alerter les services et l'entreprise concernée.

En attendant, que faire pour ne pas sombrer ?

- Admettez que vous avez un problème. Faites un test en ligne pour vous en convaincre si nécessaire. Il existe des sites en anglais (NetAddiction) et quelques-uns en français qui vous feront remplir un questionnaire test en ligne.
- Bloquer les pages de sites de jeux via votre navigateur. Vous pouvez tout à fait le configurer pour empêcher ces URL tentatrices. Sur Chrome, il existe l'extension « Personal Blocklist ». Sur mobile, cherchez une application de blocage que vous pourrez configurer.
- Sur les sites Internet ou les applications que vous utilisez, vous avez la possibilité de clôturer vos comptes. Faites-le sans attendre.
- Faites le deuil de l'argent perdu. Malgré les pertes, un joueur est souvent convaincu que seul le jeu pourra régler ses problèmes financiers. En arrêtant de jouer, vous renoncez à l'espoir de vous « refaire » par ce biais. Vous vous empêchez donc d'aller mieux pour nourrir un vain espoir.

- Évitez les lieux, les sites ou les personnes liées à votre activité de jeu. L'addiction à toutes les chances de vous faire craquer si vous ne mettez pas de la distance physique avec elle.
- L'ennui est un grand risque. Se retrouver inoccupé dans vos pensées, risque de vous mettre face à une image dégradée de vous-même. C'est pourquoi il est important que vous occupiez votre temps. Reprenez des activités délaissées à cause du jeu, ou choisissez-en de nouvelles.
- En parler pour ne surtout pas nourrir la honte silencieuse d'avoir perdu.
- Vous pouvez tout à fait renouer le contact avec votre entourage sans forcément en parler. Toutefois, dans le processus d'arrêt, il est important que vous ne soyez pas seul. Se confier sur ses addictions à des professionnels ou à un groupe d'entraide est un très bon moyen de garder sa motivation, mais aussi de reconstruire son estime de soi en mettant une distance entre l'addiction et nous. En juillet 2015, un jeune Britannique avait marqué les esprits en mettant fin à ses jours, parce qu'accro, il avait honte d'avoir tout perdu.
- Enfin, le suivi est important. Les thérapies cognitives et comportementales et les psychothérapies sont souvent mentionnées par d'anciens accrocs comme un passage obligé de leur rétablissement.

Pour aller plus loin :

http://www.joueurs-info-service.fr/

http://www.aide-info-jeu.fr/page_engager_demarche_soins.html

https://sosjoueurs.org/tester-addiction-internet/

49 COMMENT RECONNAÎTRE LES MAUVAIS CONSEILS FINANCIERS EN LIGNE ?

Heureux lecteur ! Ce guide va maintenant vous faire gagner beaucoup d'argent en identifiant les placements les plus juteux disponibles sur Internet. Grâce aux conseils simples recensés par nos experts, vous pouvez escompter un retour annuel supérieur à 13 %, d'après nos études... Il vous suffit pour cela de nous avancer un « capital initial de confiance » que nous ferons fructifier pour vous depuis notre siège social situé sous les tropiques.

Si à ce stade, il existe encore une étincelle de croyance en un monde de richesses fabuleuses offertes par le simple mot « Internet », méfiez-vous, vous risquez d'y perdre votre chemise. Le réseau est un écosystème économique mature, et les seuls moyens de gagner beaucoup d'argent sans risque sont illégaux. Avec toutes les conséquences que cela comporte. On ne compte plus le nombre d'affaires où Internet a servi de paradis au système dit de « la pyramide de Ponzi » : le réseau dépouille une majorité, rassurée par quelques gagnants, mais qui finit par s'effondrer pour tout le monde une fois la limite atteinte.

Est-ce le cas des crypto-monnaies ? Depuis 2009 et un certain « Satoshi Nakamoto » (le fondateur anonyme), on entend en effet parler d'un doux rendement, bien que volatile : le Bitcoin. Oui, ils sont nombreux à avoir gagné des sommes considérables en achetant ces jetons ou monnaie virtuelle basée sur la technologie du blockchain (un nouveau système d'échange totalement transparent, sans intermédiaire et infaillible, grâce à son système de vérification en chaîne). Mais les grands gagnants ont joué il y a bien longtemps. Ils ont parié sur une technologie qui permet d'échanger : n'ayant jamais été piratée, celle-ci est parfaitement solide. Les derniers investisseurs risquent sans doute plus de connaître des soubresauts ou des dégringolades que l'ascension fulgurante des débuts.

Comme dans tout effet de mode, des petits malins profitent de la vague pour créer de véritables arnaques au bitcoin. Parmi les plus retentissantes, celle de la plateforme BitConnect, une immense fraude qui promettait un rendement fixe pour ceux qui engrangeaient les parrainages... jusqu'à l'effondrement de la pyramide qui ne reposait en réalité sur rien. D'autres cèdent leur précieux bitcoin (qui atteint des cours faramineux) contre des promesses d'investissements en bois...

Tout du moins, faut-il penser son investissement Bitcoin sur le long terme. Cette technologie va-t-elle réellement remplacer les systèmes des devises nationales gérées par les banques centrales, tout en étant acceptées par les banques privées ? Renseignez-vous bien sur l'univers des « crypto-monnaies » avant d'en acheter. Consacrez-y une somme d'argent que vous seriez prêt à perdre potentiellement.

Plus généralement, voilà quelques conseils pour vous aider à faire face à toutes ces propositions diverses qui abondent sur Internet :

Se poser les questions de tout investissement et partenariat commercial :

- Qui est cette personne ? Qu'a-t-elle à y gagner ?
- Plus spécifiquement, regardez les mentions légales. Si la société est française, vous pourrez vous renseigner facilement sur elle. Adresse, contact, chef d'entreprise, capital social, SIRET...
- Dans le cas contraire, méfiez-vous des sociétés domiciliées dans des pays lointains ou des paradis fiscaux. En cas de problème, il vous sera sans doute extrêmement difficile de retrouver votre argent.
- Utilisez bien sûr les moteurs de recherche, les réseaux sociaux, en long et en large pour identifier les personnes, entreprises et structures émettrices.

MES SOURCES D'INFO

50 COMMENT VÉRIFIER L'INFORMATION SUR INTERNET ?

C'est l'une des obsessions de Donald Trump : les « fakes news », ou fausses informations. On peut certes être surpris par la campagne de dénigrement des médias sur le sujet, mené par le 45e président américain. Mais elle aura tout de même eu l'intérêt de mettre en lumière un phénomène dont nous sommes tous plus ou moins victimes. En quatre ans, le nombre de projet dits de « fact-checking » pour lutter contre ces informations erronées, a en effet triplé (Reporters' Lab, 2018). Car si Internet a apporté à chacun la liberté d'échanger, il est aussi potentiellement la caisse de résonance de propos, informations ou images les plus douteuses. Pour ne pas se laisser berner, citons l'une des premières grandes fortunes américaines, Andrew Carnegie : « *Celui qui ne peut pas raisonner est un imbécile. Celui qui refuse de le faire est un intolérant. Celui qui n'ose pas le faire est un esclave.* »

De nos jours, tout le monde peut poster sur les réseaux sociaux, les blogs, voir sur des sites prétendument techniques, sans qu'aucune référence ne soit demandée. Plusieurs techniques simples permettant de s'assurer de la vraisemblance d'une information existent. Certaines sont développées par des médias ou des start-ups, d'autres à la portée de tous pour peu qu'on se pose les bonnes questions !

- Première astuce : Entrez le titre de l'information à vérifier dans un moteur de recherche, associé éventuellement à fake, faux, hoax ou canulard. Si c'est une fake news, une rumeur infondée, vous verrez sans doute des liens vers des articles qui la tiennent pour fausse et la réfutent (ou articles de « debunking »). Pour les images, vous pouvez télécharger sur votre téléphone des applications dites de vérification d'image inversée. Sinon, la plupart des navigateurs proposent une « recherche de l'image » vous renvoyant vers une page de résultat pour trouver sa source. Ou encore des sites en ligne (Fotoforensics, TinEye, Google Search by Image).
- Pour les sources d'informations connues, la déontologie du journalisme en ligne ne diffère pas de celle des tirages papier. Néanmoins, de la part de grands groupes médias ou du service public, on est en droit d'attendre une information vérifiée à

100 %. Car si « l'erreur est humaine », elle fait intrinsèquement partie de la profession de journaliste, tout comme un avocat qui doit relire le code civil. Et des erreurs, à des horaires de grande écoute, aux journaux télévisés de France 2 ou TF1, il y en a encore… Pour être plus agile avec l'information, le mieux est donc de s'informer en prenant le temps de comparer ce que l'on dit en France VS à l'étranger.

- Sur tout contenu, vérifiez la date de la publication. On passe souvent à côté, mais une information doit être lue dans son contexte. Vérifiez aussi que les liens qui accompagnent généralement l'article fonctionnent.
- Examinez les références de l'auteur de l'article. Si c'est un article technique, relève-t-il bien de son domaine de compétence ? Ou cite-t-il des sources vérifiables pour appuyer ses propos ?
- Des liens vers cet article depuis des sites jugés crédibles sont un bon point en faveur de la qualité d'une information. Vous pouvez utiliser le site alexa.com, une propriété d'Amazon, pour vous renseigner sur une adresse Web, et notamment sur les liens qui y renvoient. Son trafic y est également disséqué.
- Comme mentionné dans le Kit de Survie de cet ouvrage, le nom de domaine (.edu,.gouv) peut vous donner des informations sur la fiabilité d'une page Web. D'autres initiatives, où les géants privés américains viennent au secours des médias, ont vu le jour pour lutter contre les fakes news. On peut citer le projet CrossCheck, instigué par Google et 37 autres médias, en plus d'un label de certification dans son fil d'actualités du moteur de recherche qu'il a finalement retiré en raison d'un biais anti extrême-droite, selon plusieurs critiques. Facebook est également parti dans cette croisade de la vérité au travers d'une trentaine de partenariats avec des solutions de vérifications dans le monde. *Le Monde* propose, lui, de vérifier une source avec le site des Décodex.
- Examinez les autres articles disponibles sur le site. Vous laissent-ils penser à un biais idéologique ou commercial ? Si vous avez le sentiment que les moteurs de recherche vous enferment dans des aprioris, n'hésitez pas utiliser un moteur non discriminant, qui ne personnalise pas ses réponses en fonction de votre historique.

- Si c'est vous qui faites une erreur, faites le correctif dès que possible, supprimez ou modifiez l'article et mettez l'information à jour en vous excusant de votre erreur.

Sources :

https://www.whoishostingthis.com/resources/credible-sources/

Evaluation of Sources – Lee.edu

Evaluating Web Sources – Berkeley.edu

51 COMMENT CONNAÎTRE LA FIABILITÉ D'UN SITE INTERNET ?

« Ayez le culte de l'esprit critique », prescrivait le scientifique français Louis Pasteur. Avec Internet, il n'aurait eu que l'embarras du choix pour l'exercer ! À peu près toutes nos capacités neuronales sont sollicitées sur la toile : apprendre, juger, s'informer, acheter et vendre, échanger, rire et même pleurer...

Pour devenir un esprit libre et éclairé, voici les questions à se poser pour entretenir sa capacité de jugement, accompagnées de quelques paroles de sagesse : « Il y a plus affaire à interpréter les interprétations qu'à interpréter les choses, et plus de livres sur les livres que sur autre sujet : nous ne faisons que nous entregloser. »

Cette citation, nous la devons à l'auteur Montaigne qui illustre une vraie réalité à connaître sur le Web : nous nous inspirons sans cesse les uns des autres. Autrement dit, toute création, même originale, prend sa source chez un ou plusieurs modèles.

Sachant cette vérité, il ne faut pas hésiter à passer chaque auteur aux rayons X :

Qui est-il ?

- L'auteur(e) est-elle/il bien identifié(e) ? Il peut y avoir plus d'un(e) auteur(e).
- Quelles sont sa profession, son expérience, et sa formation ?
- Quel est son niveau d'expertise sur le sujet ?
- Peut-on facilement le contacter à partir du site Web (coordonnées fournies) ?
- Le site Web est-il affilié à un organisme, une association, ou une institution connue ?
- Y a-t-il un lien ou de l'information à propos de cet organisme/association/institution ?

Pourquoi ce contenu ?

- Y a-t-il une déclaration de l'objectif ou de la mission du site ? Et la déclaration représente-t-elle vraiment l'objectif perçu de ce site ?

- Quel est l'objectif de cette page : actualité, publicité, éducation, divertissement ?
- Quel public est visé par le site : spécialistes, profanes, étudiant(e)s, enfants, public général, etc. ?

Quand a-t-il été publié ?

- Y a-t-il une date de création et de la dernière mise à jour du site ? À noter que les mises à jour peuvent varier d'une page à l'autre du site Web.
- La dernière mise à jour est-elle récente ? Les sites Web sont parfois créés et abandonnés par leurs auteur(e)s – l'information peut donc être désuète.

Est-ce une information à « l'état brut » (de type agence, dépêche, entreprise), un commentaire d'information, ou une opinion ? Bien souvent, vous vous trouverez face à ce doute, particulièrement sur les sites ou blog médias. Or, certains profitent, non sans malice, de cette frontière floue entre « billet d'opinion » et information factuelle. Toute personne éclairée sur cette différence de nature pourra la détecter.

Dès lors, l'information est-elle factuelle sans interférences de commentaires relatifs à l'opinion (pour un média) ? De manière générale, est-elle sourcée, détaillée, en profondeur, abondante, et pertinente ?

Est-elle dérivée d'un autre format (ex : version électronique d'un livre ou d'un article de périodique) ?

Les sources d'informations utilisées sont-elles bien référencées ?

Y a-t-il beaucoup de fautes d'orthographe ou de syntaxe ?

Si sur le Web les auteurs s'entremêlent, il est aussi à l'origine d'une nouvelle économie ; celle des « influenceurs ». Par conséquent, un site n'est peut-être pas aussi indépendant qu'il n'y paraît. De même, un pouvoir en place, qui a pignon sur le net, peut-être dépendant de certains groupes de pression ou lobbys :

- Le site ou cet influenceur a gagné un prix ? Qui l'a décerné ?
- L'information semble-t-elle biaisée ou de la propagande ?
- Quel est le suffixe de l'adresse Internet (URL) ? Voici quelques exemples de suffixes : .com pour les entreprises ; .edu pour les établissements d'enseignement américains ; .gov pour les administrations publiques ; .int pour les organismes

internationaux ; .mil pour le ministère de la Défense américain ; .net pour les organismes de réseautage ; .org pour les entreprises à but non lucratif ; .ca pour les sites canadiens (chaque pays a son propre suffixe), etc. À noter que les adresses Internet (URL) sont achetées et peuvent donc être faussées.

52 COMMENT RECONNAÎTRE UN SITE DE FAKE NEWS ?

On peut distinguer trois types de sites de fake news : les sites parodiques qui tournent en dérision un sujet sérieux d'actualité, les sites ponctuels créés pour des opérations de communication précises, et les « suspects habituels » : ces sites qui offrent un large espace à la désinformation, généralement orienté politiquement ou commercialement. Sur ces derniers, une astuce peut vous mettre la puce à l'oreille : vous trouvez que la frontière entre les faits et ce qui relève de l'opinion est particulièrement floue ? Et ce, principalement dans les titres ? Vous êtes alors sur la bonne voie. Dans tous les cas, l'émission de fake news est délibérée et répond à des logiques distinctes.

Le site parodique ne se cache pas en principe, même si dans les faits, il détourne les codes et les images de la concurrence sérieuse. « Le Gorafi » excelle par exemple dans cet art. Il arrive pourtant que certains de ces sites soient pris pour argent comptant, en 2017, au lendemain du premier tour, un site satirique invente au candidat Macron la citation suivante : « *quand je serre la main d'un pauvre, je me sens sale toute la journée* ». Des centaines d'internautes se sont immédiatement indignés.

Pour ne pas tomber dans cet embarrassant panneau, il faut avoir une vision périphérique et horizontale de la page Web : quels sont les liens, les autres titres, les rubriques, et bien sûr on finira par tomber sur la mention du pasticheur professionnel. On peut également citer dans cette famille, Nordpresse.be, Actualite.co et la Désencyclopédie.

Les sites ponctuels sont créés par de mauvais génies de la communication et répondent à une logique bien plus vicieuse : saturer le marché de désinformation à un instant *t*. Là, tous les coups sont permis, et aucune mention sur la page ne vous mettra en garde. Au contraire, l'apparence sera professionnelle de A à Z. À noter aussi que la manœuvre ne concerne pas uniquement les entreprises. Le jeu est aussi très apprécié des politiques qui ont compris l'intérêt de « saturer » un espace médiatique avec une information, qu'elle soit plus ou moins avérée. Il y eu Tchernobyl et son fameux nuage stoppé au-dessus des frontières françaises… Et d'autres exemples plus ou moins bien enrobés, cherchez un peu…

Pour détecter les supercheries les plus grossières, il est toujours souhaitable lorsque l'on consulte une nouvelle source d'information de se renseigner sur elle, grâce aux moteurs de recherche d'abord, grâce à ses archives ensuite. Une simple lecture des titres devrait vous mettre sur vos gardes quant à l'impartialité du site (l'information doit être neutre et factuelle, soit à l'inverse des sentiments, du jugement, ou des émotions). Pour aider à s'y retrouver, LeMonde a mis en place un « Décodex », qui lorsqu'on rentre l'URL d'un site indique sa fiabilité.

Concernant les sites brocardés comme des producteurs permanents de fake news, des listes viennent bien sûr à l'esprit, mais il faut garder en tête que ces sites sont avant tout partisans, et orientés selon un filtre et une ligne éditoriale bien établie. Et à l'inverse, leurs lecteurs réguliers jugent souvent être pareillement désinformés par les sites média traditionnels, qu'ils jugent tout aussi partiaux ou dévoyés.

Pour illustrer ce débat, les grands médias français (et certains politiques) jugent par exemple que des médias comme Russia Today ou Sputnik News, sont les porte-voix de la fake news et d'informations polémiques orientées et borderline, et ce, malgré leur popularité auprès d'une certaine cible. Soyons clairs : un biais, plus ou moins exprimé, existe toujours, et ce, sur tous les médias. Il se fait au travers de choix éditoriaux (hiérarchisation de l'information, titres, choix des images, choix des experts, absences sur certains sujets…). Tout cela permet d'affirmer une ligne.

Au final, si l'on est conscient de ce biais, le lecteur peut jauger la crédibilité d'un média sur son respect des codes journalistiques : est-ce clairement identifié comme un fait, ou est-ce en réalité une opinion ? La frontière entre les deux est-elle parfaitement claire ? Sur sa rigueur professionnelle ensuite, sa constance en matière de véracité, sur sa transparence en matière de choix, connus du lecteur. Tout cela vient apporter de l'eau au moulin de la crédibilité.

Pour aller plus loin : https://www.lemonde.fr/verification/

53 EST-CE QU'ON PEUT CROIRE LES « INFLUENCEURS » ?

Les influenceurs sont des personnes susceptibles d'être des relais d'opinion sur Internet. Cela concerne les blogueurs, les possesseurs de chaîne sur un site d'hébergement vidéo comme YouTube, ou les personnalités actives sur les réseaux sociaux. De par la force des réseaux, ils intéressent donc tout particulièrement les marques qui comptent sur eux pour l'effet « bouche-à-oreille » et pour leur pouvoir de prescription. D'autant plus que la publicité, aussi bien sur ses supports traditionnels que sur Internet, se porte mal face à un public blasé et avare de son temps de cerveau disponible.

Sur le Web, la qualité d'influenceur va de pair avec son territoire ; celui du « réseau social ». En effet, sans ces océans d'individus, véritables réservoirs à « fans », « suiveurs » ou « abonnés », l'effet domino n'aurait pas lieu et son influence deviendrait alors difficile à quantifier. 10000 personnes par influenceur, 5000, 2000... nul n'est en mesure d'établir une règle précise qui le fait accéder au précieux statut.

Le site InfluenceMarketingHub distingue quatre catégories : les célébrités, les experts et penseurs dans une industrie donnée, les blogueurs et les créateurs de contenus, et enfin, les micro-influenceurs.

Ils ne forment pas la majorité, mais certains influenceurs parviennent à facturer les marques qui veulent atteindre un public ciblé. Sur YouTube, les conseils maquillage de jeunes filles, suivies par des milliers de suiveuses qui s'identifient à elles, se monnayent très bien (environ 10000 dollars pour 100000 vues selon les estimations). Outre-Atlantique, les plus suivis font plusieurs millions : Daniel Middleton (pour le jeu Minecraft), le Canadien Evan Fong, Dude Perfect (pour le sport), Logan Paul (la comédie)... (selon BusinessInsider)

Dès lors, ces nouveaux « hommes sandwich » de l'ère numérique sont-ils devenus de simples annonceurs ?

La question de leur faire confiance ou non implique de juger plusieurs choses :

- Leur authenticité. Elle semble être le motif principal au nom duquel un influenceur se voit accorder de la confiance. À souligner également le recours de plus en plus fréquent à l'achat de « vues » sur YouTube. C'est devenu un véritable business...

- Leur pertinence à aborder un sujet particulier.
- Leur expertise sur celui-ci

Les questions à se poser :

- L'influenceur reparle-t-il des produits dans les semaines et mois suivants ?
- Est-il disposé à échanger avec les internautes sur les produits concernés ?
- Présente-t-il physiquement le produit ? Semble-t-il à l'aise avec celui-ci ?
- En cas de contenu manifestement promotionnel, en fait-il clairement mention sur sa page ? Par un hashtag type #ad ou #sponsorisé par exemple.

Enfin, n'oubliez pas que les lois qui s'appliquent dans le réel le sont aussi sur le digital. Sur le Web, nous sommes aussi soumis à la théorie de l'identité sociale (du psychologue Henri Tajfel) : les individus se considèrent comme appartenant à un groupe et basent une part de leur identité personnelle sur leur appartenance audit groupe.

En conséquence, les opinions des membres du même groupe prennent une valeur plus forte. Ce qui fait le succès des influenceurs et peut causer leur perte s'ils négligent les intérêts de ce groupe de manière trop flagrante.

COMMENT SE RENSEIGNER SUR UNE PERSONNE EN LIGNE ? 54

Copains d'avant, Friendset... les tous premiers réseaux sociaux du net en avaient fait leur promesse : vous pourrez retrouver vos amis d'enfance grâce à leur annuaire planétaire ! Aujourd'hui, vous pouvez faire bien plus : vous renseigner sur votre futur employeur, votre possible gendre, votre prochain employé... et pour cela, plus besoin de privé en imper'. Une rapide recherche Internet suffit bien souvent. Sans oublier Facebook qui, par ses algorithmes et en croisant vos contacts, parvient sans peine à vous « suggérer » les amis « perdus de vue ».

Mais certains échappent encore aux mailles du net. La première méthode est alors la plus évidente : se servir des moteurs de recherche. Pour cela renseigner les noms et prénoms, accompagnés de tout autre mot ayant une signification pour cette personne : sa profession, son entreprise, sa région, sa ville, son pseudo favori, son site Web de prédilection. Faites plusieurs recherches en variant les termes, si nécessaire sur plusieurs moteurs : tous n'ont pas le même type d'indexation (le fait de ranger dans des catégories créées par l'informatique).

Les moteurs de recherche sont en général équipés d'une fonction « images », qui vous permet de vous assurer que vous associez bien le nom avec le bon visage. Ils peuvent également être employés pour chercher quelqu'un à partir de sa photo plutôt que de son nom. Allez dans Google Images, entrez l'URL de la photo que vous souhaitez chercher ou télécharger celle-ci (« upload an image »).

Vous pouvez également créer une alerte Google au nom de cette personne pour rester informé de son actualité. Si vous mettez votre nom et prénom, vous pouvez aussi surveiller toutes les occurrences qui pourraient apparaître en ligne.

Vous pouvez également utiliser Google pour rechercher des adresses et des numéros de téléphone. Tapez simplement le nom complet de la personne et son code postal. Cela peut potentiellement renseigner un numéro de téléphone, une adresse et une carte Google (« Google Map ») avec les indications pour la résidence ; « potentiellement » car si l'adresse de la personne que vous recherchez n'a pas été rendue publique, elle ne sera probablement pas associée à d'autres informations.

Pour une personne perdue de vue depuis longtemps, l'usage du RNIPP : Répertoire national d'identification des personnes physiques (tenu par l'INSEE, auprès de qui il faut en faire la demande), vous permettra de savoir si une personne est décédée ou toujours bien vivante.

Enfin, des sites de généalogie peuvent fournis de nombreuses informations sur l'état civil, les liens familiaux, et parfois les coordonnés. *Ancestry.com*, *Family Search*, *Geneanet* (français) ou *Find A Grave* pour citer quelques-uns des plus connus.

Pour aller plus loin : https://www.institut-pandore.com/hacking/pister-espionner-retrouver-sur-internet/

55 COMMENT IDENTIFIER UNE PERSONNE SUR INTERNET ?

Si nos vieux annuaires papier aux pages colorés ne sont pas encore morts, avec la puissance du Web, ils sont en tout cas en voie de disparition. Désormais, pour identifier un numéro de téléphone, il existe en ligne la fonction d'annuaire inversée sur des services payants. Pour du gratuit, si Google ne propose plus officiellement cette fonction depuis 2010, il reste toutefois assez performant en la matière.

Une fonction annuaire inversée est une façon simple de retrouver l'origine d'un numéro de téléphone en entrant ce numéro dans un moteur de recherche. Les résultats peuvent vous transmettre une adresse, un nom de société de personne, un lien avec une entité quelconque, voire un signalement du numéro comme utilisé pour des opérations de « phishing ».

Si le numéro est associé à une entreprise, cette activité apparaîtra généralement dans les cinq premiers résultats de la recherche. Si le numéro est attaché à une personne privée, l'adresse la plus probable ne sera pas nécessairement jointe au numéro. Toutefois, si cette personne a placé son numéro ailleurs sur le Web, peut-être sur un réseau social, cette information peut être remontée.

Pour les portables, le site *Monportable.com* propose un annuaire de portable, sur la base du volontariat : vous devez renseigner vous-même votre numéro.

Si vous ne disposez de tout cela, n'hésitez pas à mobiliser l'immense réseau formé par les communautés en ligne. Sur Facebook, une québécoise de 45 ans a ainsi retrouvé sa mère biologique en postant un message sur la page « Spotted » dédiée aux biens ou personnes recherchées.

Enfin, les internautes ont notamment une forte tendance, à réutiliser encore et encore les même pseudos et avatars. Google Images peut faire apparaître ces avatars sur toutes les pages où ils auraient pu être utilisés. Allez ensuite sur ces pages Web pour contrôler si :

- Si l'image est bien utilisée en avatar.
- Si la personne en question est bien la personne recherchée. Pour cela examinez la langue de la conversation, le type de

signature, les sujets abordés, la manière de s'exprimer, les infos listées sur la page profil des forums. Puis, en cas de doute, envoyez un message privé pour identifier définitivement un utilisateur.

Dans le cas de message intriguant et non signé, ou dont l'identité du signataire vous paraît douteuse, vous pouvez utiliser la Stylométrie pour tâcher de déterminer si vous connaissez déjà cette personne et qu'elle se dissimule. Il s'agit de l'étude de la syntaxe personnelle.

Quelques points à étudier :

- L'usage de smileys. Votre correspondant utilise-t-il des smileys singuliers ou exotiques ?
- Ses tournures de phrases ou son vocabulaire vous mettent-ils la puce à l'oreille ?
- Fait-elle des fautes de syntaxe caractéristiques ?

Il existe enfin des sites de recherche dédiés à la recherche d'individus, payants comme gratuits.

PIPL (People Search), associe un nom avec un code postal, emploi et souvent un pseudo, ce qui utile pour poursuivre ses recherches. Wink cible plus spécifiquement les réseaux sociaux. Pour le travail : Jobster, ZOOM INFO. Mais aussi PeopleFinder et le payant Intelius.

L'usage combiné de ces différentes ressources est conseillé, la somme de leurs résultats permettant de trianguler juste, et d'identifier M.X. ou Mme.Y.

Pour aller plus loin : https://www.lifewire.com/how-to-use-google-for-a-reverse-phone-lookup-3481893

56 DOIS-JE CROIRE LES INFORMATIONS CONCERNANT LA SANTÉ SUR INTERNET ?

Vous avez déjà sans doute fait cette désagréable expérience, lorsque, voulant trouver sur Internet l'origine d'un symptôme ressenti, vous tombiez sur la pire des réponses vous annonçant l'incurable ! C'est ce que l'on pourrait appeler la partie émergée de l'iceberg en matière de conseils médicaux sur Internet. N'importe qui peut publier n'importe quoi. Il revient donc à l'internaute à faire la part des choses ; c'est vrai en général sur le Web, ça l'est encore plus dans le domaine de la santé.

Pourtant, le succès des plateformes (Doctissimo, AlloDocteurs, MesDocteurs, MonDocteur...) ne désemplit pas sur un marché qui se consolide d'ailleurs à grands coups de rachat et de fusions. Ceux-ci sont relativement fiables dans la mesure où ils font intervenir des médecins pour répondre à la tendance de la « télé-médecine » (un service payant). Ils ont aussi des modérateurs et des rédacteurs pour supprimer les mauvais conseils.

Pour aborder l'autre pan de la jungle médicale, tout ce qui vaut pour les sites en général vaut pour les sites de santé. À vérifier donc : la mise à jour récente, l'état des archives, les liens, et faire usage de moteurs de recherche pour avoir des avis extérieurs sur le site.

C'est seulement au prix de ce travail d'enquêteur que des informations pourront être jugées fiables.

Pour éviter un mauvais remake du *Médecin malgré lui* de Molière ou du docteur Knock (Jules Romains), voici les questions à vous poser :

- Les auteurs du site vendent-ils leurs propre(s) produit(s) ?
- Est-ce le site d'une institution médicale ou liée à la santé avec pignon sur rue ?
- Vérifiez les suffixes de l'adresse du site : « .gouv.fr » (.gov), « .edu, » ou « .org ». La première indique un site géré par une institution gouvernementale, la seconde, une institution universitaire américaine, la troisième enfin, indique presque toujours un site non marchand (même si aucune réglementation n'interdit spécifiquement le commerce sur ces sites).

- Cherchez les références scientifiques et la qualification des intervenants réguliers. S'agit-il de médecins, d'infirmiers, de personnels de santé ?
- Le site en question est-il labellisé avec le HONcode ? Développé par la Fondation Health On the Net depuis 1995, il est appliqué à la demande volontaire d'un éditeur de site médical ou de santé.
- Attention aux propos tenus sur les forums, même s'ils peuvent être pertinents, ils sont rarement émis par des professionnels ou cautionnés par eux. Leurs auteurs restent par ailleurs le plus souvent anonymes, rendant difficile de jauger de leur sérieux ou de leurs intentions.

Enfin, pour estimer la fiabilité des informations médicales proposées par les moteurs de recherche, prenez en compte le biais « qui sent le sapin » dont nous parlions. Les moteurs n'offrent en effet pas dans leur première page de résultats, les cas les plus probables, mais les plus mentionnés, et donc en général les plus anxiogènes... Il existe d'ailleurs un syndrome de l'internaute/patient : la « Cyberchondria » – anxiété médicale causée par la recherche de vos propres symptômes en ligne.

COMMENT ME RENSEIGNER SUR UNE MALADIE ? 57

La question se pose de plusieurs manières : pour soi, pour ses proches et dans le cas d'une question de santé publique type épidémie.

Il y d'autre part une immense disparité d'informations selon que l'on se renseigne sur une maladie très répandue (de la fugace rhinite, au pire des virus), ou sur une maladie rare.

Patientslikeme a été fondé il y a une douzaine d'année sur un principe simple. Vous acceptez de communiquer vos données médicales ; ces données seront utilisées par les chercheurs et les professionnels de santé et en retour vous avez vous-même accès à des analyses issues de bases d'informations massives. Pour chaque maladie recensée sur le site, 2800 d'après eux, des traitements sont suggérés pour le stress, les problèmes digestifs, la fatigue, les dépressions consécutives... l'ambition est d'aider à faire face à l'ensemble du spectre d'une maladie en étudiant les résultats de chaque posologie médicamenteuse ou pratique thérapeutique prescrite dans des cadres similaires.

En allant encore plus loin, il est possible d'entrevoir le progrès médical grâce aux technologies d'intelligences artificielles. En nourrissant des machines dotées du « machine learning » (apprenant seules, à partir de données), nous serons capables de soigner de nouvelles maladies grâce à ce partage de données automatisé et à grande échelle.

Tels les embryons de cette prochaine révolution, les communautés dédiées aux échanges entre malades existent déjà pour les internautes. Ils s'inscrivent avec des pseudos, et leurs informations peuvent être ouvertes sur le Web ou partagées uniquement avec les inscrits sur le site. Plusieurs se sont développées avec succès (sclérose latérale amyotrophique, épilepsie, fibromyalgie, syndrome de fatigue chronique, sida, dépression, maladie de Parkinson, transplantation ainsi que des maladies rares comme la dégénérescence cortico-basale, la neuromyélite optique, l'atrophie multisystématisée...).

Les forums médicaux sur le Web sont par ailleurs largement utilisés par les malades pour se retrouver et partager leurs expériences. Le réconfort est d'autant plus précieux pour les personnes atteintes de maladie rare, dont les symptômes méconnus du grand public exposent souvent à l'incompréhension. Nous pouvons citer parmi les plus populaire chez les internautes français : Doctissimo, Sante. Journaldesfemmes.com, Maladiesraresinfo.org

Méfiez-vous des formulaires automatisés (les « symptom checker »), réputés fiable à 34 % seulement (Evaluation of symptom checkers for self diagnosis and triage : audit study). Quitte à en faire usage, rappelez-vous qu'il faut renseigner ses symptômes avec le maximum de précision pour espérer une réponse utile. Des nouveaux venus comme le Britannique Ada tente de remédier à ces faiblesses en combinant des questionnaires minutieux et des bases de données géantes. Si l'application est déjà disponible et largement téléchargée, elle reste encore un prototype.

Pour le suivi général des crises sanitaires et de leur prévention, il faut enfin mentionner l'Agence nationale de santé publique. Celle-ci se fixe pour mission la veille sanitaire, l'observation épidémiologique, le lancement d'alertes, ainsi que le développement de la prévention et de l'éducation médicale de la population.

Enfin, si vous préparez un voyage dans un pays à risque, il faudra bien sûr consulter les sites et forum sur la destination en question. Des informations se trouvent sur le site du ministère vaccination-info-service.fr.

Pour aller plus loin :

« Evaluation of symptom checkers for self-diagnosis and triage : audit study » Hannah L Semigran, Jeffrey A Linder, Courtney Gidengil, Ateev Mehrotra.

FAUT-IL DEVENIR UN NOUVEL ADEPTE DE L'AUTO-MÉDICATION ? 58

Avec la prolifération d'informations accessibles à tous et des services médicaux en ligne, une nouvelle tendance est en train de voir le jour : celle de l'auto-médication (le fait de se soigner et de choisir un traitement soi-même). Le système de santé suit d'ailleurs l'évolution ; en 2018 la téléconsultation est entrée dans les remboursements de l'assurance -maladie. Ce n'est pas un hasard : 43 % de Français déclarent se soigner seules et ne consultent un médecin que si l'automédication est inefficace (OpinionWay, 2018). L'écrasante majorité des Français (83 %) ne se rend chez un médecin généraliste qu'une fois par an. Dans ces conditions, faut-il suivre le mouvement et devenir adepte de l'auto-diagnostique ?

Il y a bien sûr des premières pistes de traitements à trouver sur Internet. Et parfois des exceptions, comme cette Britannique de 46 ans qui a pu détecter elle-même un cancer de la peau à l'aide d'une simple application mobile baptisée SkinVision (DailyMirror, 2017). Mais de manière générale et raisonnée, il faut systématiquement faire appel à l'avis d'un médecin (voire deux) et suivre sa prescription. L'improvisation peut être la mère des pires fléaux pour soi ou ses proches.

Le plus prudent est de consulter le site Santé.fr. Lancé en mars 2017 et disponible en version mobile, il permet d'avoir accès à de nombreuses informations pratiques : annuaire des professionnels de santé, données sur les maladies, les traitements, la pollution, les crises sanitaires. Mis au point par le ministère de la santé, il est l'émanation sur Service Public d'information en santé (SPIS). Des informations vérifiées venant de différentes institutions publiques sur la prévention sont proposées, ainsi que les maladies et leurs traitements. L'accès à un compte personnel permet de paramétrer les informations et de créer un service de notifications et alertes.

Outre les archives, les grands thèmes varient selon l'actualité du moment ou la saison : maladie de Lyme, MST, qualité de l'eau, vos vaccins avant les départs en vacances…

Le conseil national de l'ordre des médecins, l'académie de médecine ou l'INSERM aussi bien que des associations ou des caisses nationales d'assurance maladie ont fait cause commune autour de ce projet ce qui lui assure une crédibilité notable dans le panorama de la santé sur le Web.

Quand il est question de chercher de l'information de santé en ligne, soyez encore plus prudent et réfléchi qu'à l'accoutumé : les fraudes et désinformations y sont aussi nombreuses qu'ailleurs, et elles peuvent coûter plus cher. Quelques règles qu'il est utile de garder à l'esprit : les remèdes miracles sont à prendre avec des pincettes, et les promesses type « satisfait ou remboursé » ne devraient pas être perçues comme une preuve absolue de bonne foi.

Là comme ailleurs, ne pas transmettre inconsidérément vos données personnelles : bancaires bien sûr, mais également numéro de Sécurité sociale. Avant tout paiement vérifier que le site utilise un serveur sécurisé (la barre d'adresse au-dessus de la page Web mentionne-t-elle bien « https » ?) (voir 35 « Comment réaliser mes transactions en toute sécurité ? »).

Les histoires personnelles sont légions sur ce thème et abondamment disponibles. Mais elles ne constituent pas des faits scientifiques. Les gens qui écrivent sur le net à propos de leur maladie sont d'ordinaire heureux de voir qu'ils sont lus, n'hésitez donc pas à leur envoyer un message pour demander des précisions.

59 QUELS SONT LES SITES DE RÉFÉRENCE SUR LA MATERNITÉ/PATERNITÉ ?

Chaque année, la France compte environ 760000 nouvelles naissances, ce qui la place encore dans le peloton des pays européens les plus féconds. Aussi, l'arrivée d'un bébé inquiète souvent qu'elle réjouit, avec des angoisses parfois différentes selon les sexes. La grossesse, les maladies infantiles, le bouleversement de l'ordre familial, les relations de couple après l'accouchement : autant d'expériences qui suscitent une pléthore de questions et donc de sites ou d'applications mobiles. Les questions que l'on posait autrefois à sa mère, ses amies et ses camarades sont aujourd'hui de plus en plus posées… à un moteur de recherche.

Beaucoup de papas ou de mamans ont ouvert des blogs personnels, riches en partage et en informations. Cela peut être pertinent, à condition de traiter l'information avec les filtres appropriés.

Qui écrit ? Quelle est son autorité ? Quelle est la crédibilité du site ? Est-ce que le propos semble extravagant ? Quoi qu'il en soit, il faut préférer les sites dédiés aux forums, et dans tous les cas privilégier la diversité de l'info pour chaque sujet traité.

Un petit tour d'horizon de sites dédiés :

- Le JournalDesFemmes aborde toutes les questions techniques de la maternité. Courbes de température, rôle du placenta, la fécondation in vitro, le développement utérin… Un espace personnalisé et gratuit permet d'accéder à des services divers : forums, questionnaires interactifs…
- Bebéguide, le mode d'emploi du bébé est plus orienté vers la psychologie et la vie pratique.
- Infobébés offre, outre les articles habituels, des informations fournies sur le droit applicable : congé parental et allocations. Celles-ci peuvent être calculées sur le site.
- Hellobébé rassemble des avis médicaux sur la santé de la mère et du nourrisson. Des communautés de parents peuvent échanger sur ces thématiques.

- Maman.fr, fait-elle le classement des maternités, et Forum-maternite.com donne des avis sur celles-ci, avec les statistiques qui leurs sont afférentes.
- Sans oublier : LesLouves, MagicMaman, parents.fr, et sur le thème des vêtements de grossesse : émoi-émoi ou My Egg.

Sur le mobile, vous trouverez aussi de nombreuses applications pour vous accompagner pendant la grossesse (9 mois & moi, WeMoms, Alimentation grossesse, Neomama, Grossesse +, entres autres.)

Pour sortir des écrans et privilégier la lecture, n'hésitez pas à faire une recherche dans la catégorie Livres de Amazon et parcourir toute la littérature. La grossesse est aussi un temps d'approfondissement des connaissances.

Enfin, encore aujourd'hui dominé par l'image de la maternité, la question parentale sur Internet n'ignore plus les papas, qui ont eux aussi leurs web-écologie. E-bebe.fr par exemple, dont le slogan est : « Devenir parent n'est pas qu'une affaire de maman ». Le jeune papa qui a créé le site l'a pourvu d'un espace boutique, d'infos et surtout une plateforme communautaire sur laquelle les pères peuvent discuter, échanger, se conseiller sur les affres de la parentalité. Dans les sujets qui reviennent les plus fréquemment : ne pas arriver à concevoir, ne pas se sentir prêt à devenir papa et le sujet de la sexualité.

60 COMMENT TROUVER LES BONS CHIFFRES SUR SON FUTUR CADRE DE VIE ?

Pour choisir une école, acheter un appartement, ou s'installer dans une ville, nous avons besoin de comprendre l'environnement socio-économique avant de prendre une décision. Cette connaissance, ce sont les données économiques qui nous la donnent. Le sujet est d'autant plus capital lorsque nous avons l'intention de créer une entreprise ; des études de marché et du « benchmarking » sont alors nécessaires.

En libérant ces données pour tous, Internet est alors censé permettre d'accélérer nos décisions et le développement économique. C'est ce que l'on appelle « l'open data ». Pour l'heure, l'État français en a fait l'un de ses vœux pieux pour ouvrir l'accès des données publiques à tous, mais au niveau local et même national parfois, c'est encore loin d'être évident.

Actuellement, il est possible de trouver des statistiques mises à disposition par les institutions gouvernementales. Interstats du Ministère de l'Intérieur fournit des statistiques en matière de sécurité.

L'Insee, le bureau national officiel donne également un accès à ses études : Il est rattaché au ministère de l'économie et des finances tout en étant indépendant du gouvernement. Il est chargé des statistiques officielles, et de leur diffusion au public. Bien employé, leur site peut être une mine de renseignements.

Pour ce qui de l'école de vos enfants, autant s'adresser à la source, c'est-à-dire le ministère de l'éducation national. Vous trouverez notamment sur leur site les résultats des lycées de France.

Dans le domaine économique, certains géants du net, publient des archives diverses, comme Yahoo finance, dans le domaine boursier, ou Google Analytics sur la fréquentation des pages Web, Google Trends ou Google Finance.

Le site Statista est aussi régulièrement utilisé pour obtenir des classements. Mais pour plus de fiabilité, mieux vaut privilégier des études réalisées par des cabinets privés (certaines sont payantes), tel CBInsights. Cela va vous surprendre mais même la CIA, l'agence de renseignement américaine tient à jour son « World Facebook » de données mondiales.

Pour les informations immobilières, lorsque vous souhaitez estimer la valeur d'un bien.

- Considérez bien que les prix utilisés dans les statistiques disponibles sur Internet sont basés sur les chiffres enregistrés par les notaires, fruit de plusieurs mois de tractations, et non ceux affichés à la vente au moment où vous vous renseignez.
- Vérifiez bien la date de toute publication de chiffres. Posez-vous les questions suivantes : Est-ce que le site est mis à jour récemment ? Aurait-il des raisons d'être partial dans la publication ou l'analyse de ces chiffres ?

Enfin, à l'étranger, les sites en.gouv.fr en France et.gov aux États-Unis assurent également la fiabilité.

Pour ce qui est des informations générales, vous pouvez bien sur vous tourner vers les encyclopédies en ligne. Wikipédia est aujourd'hui la plus connue d'entre elles. Les critères de fiabilité des articles sont discutés au début de ce chapitre, mais de manière générale, il est bon de multiplier ses sources, ou à minima de vérifier si l'information du site est donnée avec ses sources.

61 COMMENT TRIER DANS LES CONSEILS DE DÉVELOPPEMENT PERSONNEL SUR INTERNET ?

Le développement personnel est une mine d'or pour l'édition comme pour un grand nombre de blogs et de chaînes YouTube. Mieux se connaître, mieux se comprendre, repousser les limites, améliorer ses compétences sociales, vaincre ses peurs et atteindre ses objectifs, devenir un « vrai homme » ou « une vraie femme » : ce sont ne sont là qu'un aperçu des promesses qui nous viennent pour la plupart directement des États-Unis.

Les gourous du développement ne sont généralement pas des experts (on peut citer l'américain Anthony Robbins et les francophones Franck Nicolas, Olivier Roland, David Laroche). Ce qui ne veut pas dire qu'ils ne peuvent pas fournir un contenu enrichissant. Simplement, celui-ci ne devra pas être tenu pour parole d'évangile. Ils sont d'abord là pour inspirer chaque individu tout en se constituant une forte communauté. Pour monétiser à grande échelle, ils proposent ensuite des formations et des séminaires. Si vous ne connaissez rien au domaine, prenez le temps de vous familiariser avec leurs techniques et de faire vous-même l'acquisition de leurs connaissances avec les grands penseurs sur le sujet (Napoleon Hill, Rhonda Byrne, Deepak Chopra, Wayne Dyer, Eckhart Tolle...). Cette première acquisition de connaissances permet de prendre le dessus et un certain recul sur toutes les offres en ligne.

L'« amélioration de soi », que l'on appelle aussi « encapacitation » ou « empowerment », est une démarche saine rendue aujourd'hui possible par le partage de connaissances sur les canaux digitaux.

Toutefois, dans sa pratique, une certaine rigueur s'impose : Naturellement, la lecture d'un livre, ou le visionnage d'une vidéo de développement personnel est satisfaisant en soi. Et beaucoup peuvent être tentés de s'arrêter à cette émotion agréable, puis de passer aux suivantes de manière compulsive. Mais bénéficier réellement de ces conseils requièrent en général un investissement personnel soutenu, au moins dans les premiers temps. Êtes-vous prêt à cet engagement ? Et à vous fixer des objectifs réalistes ? Sinon, vous risquez à long terme de ressentir d'autant plus durement un sentiment de stagnation que vous aurez été accro aux doux chants du succès et de la réussite. Tout comme pour le corps avec le sport, la science du cerveau se travaille régulièrement, tel un athlète soulevant quotidiennement son haltère !

Par ailleurs, les auteurs expliquent en général ce qui a fonctionné pour eux. Quelle est la part de subjectivité ? Vous donnent-ils toutes les informations dont vous avez besoin pour avancer ou restent-ils discrets sur certaines, car très personnelles ? Il existe un danger à placer trop d'espoir dans un deus ex machina, plutôt que de prendre le temps de réfléchir par soi-même. Comme le confie Michelle Goodman, l'une de ces anciennes gourous du bonheur dans un article sur le site média *Vox,* il y a souvent beaucoup d'esbroufe derrière les sourires marmoréens.

Il ne faut pas l'ignorer, nombre de professionnels du domaine sont des hommes ou des femmes d'affaires, qui tendent à étendre indûment leurs champs de compétence, à la manière de multinationales.

Si vous-mêmes vous vous sentez prêts à partager votre expérience d'entrepreneur ou d'indépendant sur cette dialectique d'« encapacitation », la langue française ne doit pas être un obstacle à votre envie de convaincre le monde ! Il existe quelques solutions en la matière. Comme Amara, projet associatif de sous-titrage de vidéos sur Internet. Il permet de disposer d'outils de création de sous-titres multilingues. Il est notamment utilisé pour des vidéos éducatives, comme les conférences TEDx.

Enfin, vous n'êtes pas obligés de vous impliquez émotionnellement dans ce domaine. La lecture permet de réfléchir sur soi et de garder de la distance. Les contenus médias des sites ted.com (les conférences TED) ou Gaïa, encore « le Netflix du développement » contiennent de nombreuses vidéos éclairantes. Sur Facebook, suivre quelques groupes qui publient des « pensées positives » ou des citations inspirantes permettent de sortir de manière ponctuelle et équilibrée du quotidien parfois anxiogène relayé en France.

Pour aller plus loin :

https://www.vox.com/first-person/2017/1/23/14238530/self-help-advice-bogus

http://feelhappiness.com/personal-development-avoid-dangers/

https://www.ted.com/

62 COMMENT S'Y RETROUVER DANS LES TUTORIELS SUR YOUTUBE ?

Des « tutos make-up » (maquillage), des logiciels, de la méditation, du développement informatique, du bricolage, du jardinage, de la cuisine... vous trouverez à peu près tout pour acquérir, grâce à la vidéo, les compétences d'un expert. Ces vidéos d'apprentissage visent à vous permettre une éducation autonome, sur un sujet donné. En version anglaise, c'est la déferlante des vidéos « How to... » (comment faire...). Et aussi surprenant que cela puisse paraître, avec 196 millions de vues, la championne toutes catégories des vidéos est : « How to make Coca Cola Soda Fountain Machine » (2018), ou comment faire une fontaine de Coca Cola avec trois différentes boissons à la maison.

Les auteurs de tuto sont très actifs. Le mieux est de suivre ceux dont la compétence vous intéresse plutôt que de chercher des listes qui affichent également des tutos parfois dépassés. Sauf si vous êtes nostalgique du lecteur de disquette.

Quelques éléments à considérer pour juger de la qualité d'une chaîne thématique :

- La difficulté à comprendre l'auteur des vidéos. Inutile de régler le son de votre ordinateur, ou d'attendre qu'il ou elle fasse un effort. Internet est un océan, vous trouverez d'autres poissons.
- Les commentaires négatifs et les « thumbs down ». Rappelez-vous que toute vidéo populaire engendre des commentaires négatifs. S'ils vous semblent fréquents jetez-y tout de même un œil au cas où ils seraient argumentés.
- Le tutoriel présente-t-il de façon claire l'objet de son étude ? Trop de vidéos filment des gens bavards qui n'offrent que des aperçus de l'objet de leurs discours.
- Les nombres d'abonnés et les nombres de vue des vidéos sont bien sûr à considérer. Même si, il faut le savoir, Internet penche souvent du côté du premier arrivé. Le clic attire le clic, sans nécessairement attester de la qualité... Ne perdez pas votre temps avec une chaîne qui ne vous convient pas, même si elle semble populaire.
- Lisez le texte de présentation de l'auteur. Son CV ou les raisons de sa démarche peuvent vous aider à faire un choix.

En visionnant des vidéos sur un thème donné, YouTube vous proposera vite dans ses suggestions, un choix de vidéos similaires. Cette exploitation de votre historique (y compris sur mobile) peut vous laisser méfiant, mais il faut bien reconnaître que leurs algorithmes vous amènent aussi à faire des découvertes intéressantes. D'autres ont dénoncé ce pouvoir de la recommandation sur la plateforme de vidéo. En 2017, Guillaume Chaslot montrait que, pour retenir au maximum l'attention des internautes, YouTube favorisait la recommandation de vidéo relatant des «faits alternatifs» à tendance complotiste. Quoi qu'il en soit, il existe un tuto pour tout, même pour «supprimer ou désactiver les recommandations YouTube.

À vous de voir, mais dans le cadre d'une stratégie volontaire d'autoformation dans un domaine donné, on ne peut guère craindre l'enfermement sur soi.

63 FAUT-IL RECOURIR AUX MOOCS POUR APPRENDRE ?

« Le désir naturel de l'homme, c'est le savoir » (Léonard de Vinci). Internet est le lieu par excellence pour exprimer ce besoin primitif au premier rang duquel on trouve les MOOCS. Apparu en version française pour la première fois en 2012, si l'on s'en tient à son historique sur Wikipédia, un MOOC est une formation à distance, par Internet, capable d'accueillir un grand nombre de participants. C'est l'acronyme de « Massive Open Online Course ». Les appellations : formation en ligne ouverte à tous (FLOT), ou Cours en ligne ouvert et massif (CLOM) et COOC (Corporate Online Open Courses), sont aussi employées.

D'où vient la philosophie du MOOC ? D'après Clément Lhommeau, spécialiste du e-learning, elle viendrait d'un certain Norbert Wiener, mathématicien américain et le premier pape de la cybernétique dans les années 1940. Au désordre de l'ère post-industrielle, ces « cybernéticiens » opposent la transparence et la libre-circulation de l'information. Ces deux valeurs viennent enrichir les hommes grâce à un ordre naturel. Internet serait le nouveau socle de cette organisation quasi innée.

En 2017, on compterait 10000 cours en ligne disponibles dans le monde entier (étude Xerfi). Et cette année-là, 350 ont été diffusés en France, soit près d'un par jour. Désormais, on récompense même les MOOCs les plus réussis sur un plan pédagogique : « réaliser des vidéos pros avec son smartphone », « se former à la cybersécurité », « le commercial B2B » ont ainsi fait partie d'une sélection de lauréats (My Mooc, 2017).

Par rapport aux nombreux tutoriels classiques, ces cours ont un calendrier précis. Ils ne sont pas disponibles à tout moment. Vous devrez donc vous renseignez sur les dates d'ouverture, comme pour une inscription à l'université. Un pourcentage assez considérable des élèves quitte le navire en cours de route. À peine 15 % d'entre eux finissent avec succès leur formation. L'adéquation entre la disponibilité des inscrits et le temps requis pour la validation des connaissances est donc primordiale.

Parmi leurs avantages, on peut citer l'outil vidéo, souvent utilisé. C'est ainsi par exemple que, 100 ans plus tard, vous verrez la bataille de Verdun et la guerre de 14-18, grâce à un MOOC développé par le Mémorial de la ville.

L'évaluation par les pairs est aussi largement utilisée. C'est un processus par lequel les élèves évaluent des devoirs ou des tests basés sur les repères d'un enseignant. En somme, les élèves s'évaluent les uns les autres. La validation des connaissances est effectuée par des QCMs, ou plus rarement, par des rendus d'essais ou de projets.

Les bonnes questions à se poser avant de démarrer concernent principalement votre disponibilité : Combien d'heures cette formation va-t-elle me demander ? Une estimation est souvent fournie avec la présentation du programme. 12 heures par semaine en général, de 10 à 15 pour la plupart des formations. Suis-je réellement assez familiarisé avec la langue de diffusion des cours ?

Il faut aussi garder en mémoire que les certifications qu'elles délivrent ne valent pas nécessairement (vendues entre 60 et 80 euros pour la plupart selon France université numérique), au regard des employeurs, les diplômes délivrés sur la base de formations universitaires classiques. Elles peuvent néanmoins un bon moyen de valoriser des connaissances éparses, et de renforcer votre CV.

64 COMMENT NE PAS SE PERDRE DANS L'OFFRE ABONDANTE DES MOOCS?

On attribue la création du tout premier MOOC à Salman Khan, un jeune américain diplômé du MIT (Massachussets Institute of Technology). En 2010, il est le premier à mettre des vidéos pédagogiques en ligne. C'est ce qui donnera naissance juste après à la Khan Academy, sur laquelle Google misera ensuite. Voyant le potentiel, certains issus du système éducatif traditionnel lui emboiteront le pas, ainsi que de nouveaux acteurs croyant au potentiel du marché (Udacity, edX du MIT, Coursera de Stanford mais aussi FUN pour France Université Numérique).

De fait, Les MOOC ont un grand avantage par rapport aux autres services du Web. Ils sont créés dans leur immense majorité par des poids lourds de l'enseignement : grandes universités et écoles réputées. Tous ces acteurs sont professionnels et ont pignon sur rue.

Le point sensible d'un abonnement à un MOOC n'est donc pas en principe la qualité de l'enseignement.

L'offre est évidemment moins pléthorique du côté des MOOCs francophones mais on trouve toutefois OpenClassrooms qui propose depuis 1999 des cours certifiant dans des domaines variés comme la programmation informatique, le marketing, l'entrepreneuriat et les sciences. Les certifications et le suivi par un mentor sont payants, l'abonnement donne également accès à des livres en format électronique.

Face à elle, Coursera, un géant du domaine. Cette plateforme anglo-saxonne propose de nombreux MOOCs en Français. Polytechnique, HEC, l'ESSEC : les partenariats ne manquent pas.

Depuis 2015, Pôle emploi propose lui aussi des « MOOC pour l'emploi », qui ont pour thème l'Organisation de sa recherche d'emploi. Faire son CV, les entretiens, la recherche d'offres etc… des modules de vidéos sont disponible sur leur site. Toujours pour l'emploi, le site Diplomeo liste même les formations (qu'il faut suivre) pour redorer son CV. Parmi elles : « Comprendre le Web », « Travailler en mode collaboratif », « Intégrer les postures de responsabilité et d'organisation » ou encore « animer une communauté Facebook et Twitter ».

Les MOOCS sont-ils capables de révolutionner l'enseignement ? Certains en doutent. Plusieurs études scientifiques montrent en effet une qualité d'attention supérieure lorsque les cours sont dispensés en « présentiel ». Ces formations en ligne permettent surtout de rester à la page tout en offrant une très bonne complémentarité.

Pour aller plus loin :

https://openclassrooms.com/fr/

https://www.coursera.org/,

https://www.fun-mooc.fr/

https://mooc-pole-emploi.fr/.

65 QU'EST-CE QUE TOR ET QUE PEUT-ON Y TROUVER ?

Sur Internet, Tor n'est pas la dernière divinité du monde nordique à laquelle il faudrait vouer un culte. C'est un réseau informatique, parfois baptisé « Onion Land » ou « The Onion Router » (en référence au suffixe.onion de ses sites et au routage en oignon). Tor offre une véritable liberté et l'anonymat aux utilisateurs. De fait, des millions de personnes en dépendent pour leur sécurité et la protection de leurs données personnelles en ligne, en particulier pour contourner la censure des régimes autoritaires. Surtout, il doit sa notoriété à un réseau aussi célèbre que secret : le « darknet » ; soit la hantise des gouvernements et des services de renseignements qui n'ont aucun contrôle sur les échanges illégaux qu'il fait transiter. Le darknet se superpose alors à un réseau existant pour y intégrer des protocoles informatiques différents (autrement dits d'autres programmes via d'autres portes d'entrée).

Sur Tor, on peut éviter les collectes d'informations de masse pratiquées par de nombreux gouvernements, même démocratiques. Politiquement engagé, il est aussi une organisation à but non lucratif dédiée à la recherche de l'anonymat en ligne. Lors de vos navigations sur le Web, nous l'avons vu dans la partie Kit, les sites visités peuvent enregistrer votre adresse IP et donc facilement remonter à vous par ce biais. D'où, parfois, la nécessité de dissimuler cette adresse IP (« Internet Protocol »).

Les restrictions d'accès à des informations et la surveillance des contenus publiés sont bien plus courantes que ce que l'on croit. De fait, les fournisseurs d'accès à Internet (comme Free, Orange, etc...), les sites Internet (comme Google, Facebook, etc...), et les gouvernements utilisent une forme commune de surveillance connue sous le nom de « *traçage d'adresse IP* » pour contrôler les conversations sur les réseaux publics.

Concrètement, Tor est un logiciel à installer qui permet de faire transiter votre connexion au sein d'un réseau de « nœuds », masquant ainsi votre IP réelle, notamment grâce à une technique de chiffrement que nous ne détaillerons ici. Mais vous êtes pour ainsi dire intraçable.

De même, Tor va changer de circuit régulièrement. Vous allez donc vous « *déplacer* » sur Internet car votre géolocalisation va être modifiée de manière aléatoire. Pour une communication donnée, vous donnerez l'impression d'être en Angleterre, pour la suivante en Australie, la troisième en Amérique du Sud, etc… Tor propose à ses utilisateurs un ensemble de services en cachant l'identité du serveur qui les héberge. Ils permettent ainsi de cacher l'adresse IP, donc les coordonnées géographiques, des serveurs utilisant ce service caché. La sécurité d'un service sur Tor peut être garantie uniquement si ce service a été correctement configuré, s'il ne présente aucune vulnérabilité ou erreurs de configuration et si l'application Web ne possède aucune faille.

Contrairement à ce que vous pourriez alors penser, l'installation de Tor est totalement légale. Mais c'est ce que vous y ferez dessus qui peut l'être beaucoup moins.

Il existe d'autres réseaux comme Tor (Freenet, I2P, GNUnet, Zeronet), mais c'est lui qui a la plus grosse communauté d'utilisateurs. Il sait d'ailleurs entretenir sa notoriété ; en 2015, il s'ouvrait à l'usage de Facebook. Un an et demi plus tard, il serait plus d'un million à se connecter au réseau social via Tor.

Si Tor fascine c'est parce qu'il a autour de lui toute une littérature dissidente. Avec leur masque de Guy Fawkes (le conspirateur londonien de la BD *V pour Vendetta*), les fameux « Anonymous » utilisent des réseaux anonymes hébergés dans le Web profond (en anglais Deep Web).

Déjà, avec l'arrivée de la technologie blockchain dont le principe est d'être totalement décentralisée, de pair à pair, fiable et transparente, on prédit des successeurs à Tor. En somme, un Internet plus respectueux de ses promesses d'origine : plus de liberté, de partage sans contrôle vertical et plus d'accessibilité pour tous.

Pour aller plus loin : https://www.anonymous-france.eu/guide-tor.html

QUELS SONT LES MOTEURS DE RECHERCHE RESPECTUEUX DE VOS DONNÉES? 66

Google, comme Bing peuvent être des outils de recherche formidables. Pourtant, leur toute puissance et la présence quasi monopolistique de Google en particulier, en irritent plus d'un. La firme de Mountain View, filiale d'Alphabet, s'arroge dans l'Hexagone plus de 91 % de part de marché, contre seulement 4,9 % pour Bing, 1,8 % pour Yahoo !, 0,76 % pour DuckDuckGo, et seulement 0,52 % pour le Français Qwant (StatCounter, 2018).

Au-delà des considérations sur la liberté de choix et la libre concurrence, le stockage massif de données par les grands moteurs de recherche pose question. Leur utilisation des algorithmes d'analyse est en effet la base de leur pouvoir commercial qui repose sur la publicité ciblée. Vos actions sur le net sont surveillées, anticipées, et même à certains égards dirigés par des suggestions de choix. Nul doute que cela puisse présenter des avantages pour une expérience confortable sur le net, mais se pose du coup la question d'une échappatoire.

Parmi les moteurs concurrents des géants, certains s'engagent à ne pas suivre à la trace leur clientèle. Deux exemples :

- Qwant est apparu en 2011. C'est un moteur gratuit qui base son financement sur le versement de commissions des grands sites marchands (tels Ebay ou Amazon), vers lesquels il oriente des consommateurs potentiels. Son engagement est de ne pas utiliser de cookies ou logiciels ad hoc pour suivre les utilisateurs, qui ne se voient pas ensuite donner des suggestions de choix basés sur une analyse de leur profil. Les images recherchées par le biais de Qwant transitent sur leurs propres serveurs et assurent ainsi à l'utilisateur l'anonymat par rapport aux sites d'hébergement. En juin 2018, il comptabilisait 60 millions de visiteurs mensuels (SimilarWeb). Qwant ne menace donc pas directement les géants de la côte Ouest américaine, mais propose une réponse originale à leur mainmise.

  Soutenu par les pouvoirs publics, une version à destination de la jeunesse de leur moteur, Qwant Junior, a même été développée en partenariat avec le ministère de l'éducation national.

– DuckDuckGo, le moteur de recherche « qui ne vous espionne pas » a aujourd'hui 10 ans. Ce moteur de recherche affiche des objectifs similaires à Qwant, et assure fournir les mêmes résultats à tous pour des termes donnés.

Il ne garde pas trace des profils d'utilisateurs et ne calibre donc pas ses services en fonction, pas plus qu'il ne partage ces informations avec des sociétés extérieures. Plus de 450 millions de personnes l'ont utilisé en juin 2018. Enfin, on peut citer le discret « Lilo », un moteur solidaire français né en 2015 et qui entend permettre aux internautes de distribuer à des projets caritatifs des micro-sommes générées par leurs recherches.

Pour aller plus loin :

https://www.qwant.com

https://duckduckgo.com/

MA E-REPUTATION

DOIS-JE SUPPRIMER MES COMPTES SOCIAUX ? 67

Seriez-vous prêt à suivre le conseil, donné en chœur par Brian Acton (cofondateur de WhatsApp), la chanteuse Cher, l'acteur Jim Carrey, l'entrepreneur Elon Musk en 2018... : supprimer votre compte Facebook ? Dans une sorte de campagne de boycott déterminé, telle a alors été la réponse de ces entrepreneurs ou célébrités à la suite du scandale Cambridge Analytica. Une affaire qui avait révélé que Facebook était l'arbre qui cachait une forêt de business obscures. Le réseau avait alors autorisé de faux sondages de tiers, permettant de récupérer les données de 87 millions d'utilisateurs à des fins de manipulations politiques. Les explications ennuyées – et millimétrée – de Mark Zuckerberg n'avait alors pas empêché les internautes à se poser la question de leur départ définitif du site.

Pourtant, la société des amis en photos est loin d'être le seul réseau social à avoir des casseroles. Snapchat et ses fuites de photos intimes, Twitter et ses accusations de faciliter le harcèlement ou les propos racistes : nombreuses sont les plateformes à devoir faire face au feu des critiques.

Le moment de s'en désengager complètement est-il venu ?

- Les réseaux sociaux ont une forte influence sur l'image que vous avez de vous-même. Et parce que nous nous comparons sans cesse aux autres, ils peuvent entamer votre confiance en vous. Ces sites ne sont représentatifs que de l'image que l'on souhaite se donner. Les identités qu'ils créent sont adaptées au cadre digital. Elles donnent d'ailleurs vite l'impression que le monde est rempli de gens toujours heureux, fiers de leurs carrières, et sur le point de s'envoler vers les tropiques.
- Les comptes sociaux favorisent la norme sociale par leur aspect grégaire, et la réciprocité imposée : si vous ne « likez » pas les posts de vos correspondants, les vôtres finiront sans doute par être ignorés. Au final, la sincérité a moins d'importance que la quantité et la conformité...

Mais...

- Les comptes sociaux sont un bon moyen de disposer d'une façade soignée à présenter à un éventuel employeur (voir 70

« Comment gérer la façon dont mon nom apparaît dans les moteurs de recherche ? »). N'hésitez pas à créer un compte LinkedIn si vous n'en possédez pas encore. Vos connaissances en matière de gestion de l'e-image sont un plus sur le marché du travail. Selon le métier envisagé, des offres d'emploi peuvent faire directement allusion à cette expérience.

- Les médias sociaux sont des producteurs d'informations. Au travail, si vous avez raté la dernière vidéo qui « fait le buzz » (parce qu'émouvante ou incroyable), vous pourriez avoir l'impression de ne plus être dans le feu du moment. Vos amis et collègues vous feront sentir par leurs allusions que vous êtes à côté de l'info. Bien sûr, c'est de l'info excessivement périssable ; vous pouvez néanmoins en être irrité.
- Vous pourrez également perdre l'accès à des services et applications afférents aux médias sociaux. Si Facebook n'a finalement pas tant souffert du scandale de la fuite des données, c'est notamment parce qu'il a autour de lui tout un écosystème d'applications dont certaines proposent l'inscription via « Facebook Connect ».
- Soyons honnêtes, vous ne trouverez pas beaucoup d'endroits où les « likes » sont susceptibles de vous tomber dessus en cascade. En choisissant bien ses « amis », en exploitant la puissance des réseaux et des communautés et en régulant la périodicité de vos connexions, vous devriez rester sain et sauf !

LES RÉSEAUX SOCIAUX SONT-ILS SÛRS ? 68

Sur une population mondiale de 7,6 milliards d'habitants (juillet 2018), nous serions dans le même temps 3,3 milliards à nous connecter aux réseaux sociaux faisant de nous une nouvelle génération de « socionautes » (Brandwatch/Emarketing). En moyenne, nous possédons 7,6 comptes sur des médias sociaux et un nouveau compte se créer toutes les quinze secondes dans le monde.

Pourtant, les réseaux sociaux ont un défaut majeur du point de vue de la sécurité : ils sont une immense base d'informations sur vous-même.

Pire, c'est tout leur modèle économique qui repose sur cette base. En tête de liste, Facebook dispose ainsi d'un profil de leur utilisateur qu'ils vendent ensuite à des publicitaires et à des entreprises qui cherchent à faire du ciblage. En d'autres termes, le produit, c'est vous. Vos amis aussi. Dans le cas de *Cambridge Analytica*, une société a utilisé un test psychologique en ligne, pour obtenir les informations personnelles non seulement du répondant, mais aussi de ses contacts (les fameux amis d'amis). D'où le chiffre de 87 millions de profils concernés.

Or, un aspect parfois négligé du problème est la quantité massive d'informations potentiellement sensibles mises en ligne sur le Web par le biais des réseaux sociaux.

Une photo de votre nouvelle maison, de son portail, de sa clé, comme pour montrer sésame d'une vie nouvelle ? Un hacker peut retrouver votre maison et faire assez facilement un duplicata de la dite clé. Un selfie au bureau ? Avez-vous pensé à éteindre les écrans dans le champ de vision qui pourraient montrer des documents confidentiels ? Vous souhaitez partager vos hobbies, mais n'êtes-vous pas en train de communiquer votre agenda à la terre entière ?

Quelles règles de sécurité pour améliorer votre sécurité ? :

- Ne postez rien sans vous posez la question des informations que vous mettez en ligne, y compris celles pouvant apparaître en arrière-plan d'une photo, ou celles concernant vos proches.
- Ne cliquez pas sur n'importe quoi. Télécharger une pièce jointe ou cliquer sur un lien peut être la porte d'entrée d'une attaque sur votre machine. C'est même la manière la plus courante.

- N'ajoutez pas n'importe qui sans connaître la personne. Sur Linkedin, vous pouvez le faire avec une politique un peu plus ouverte, à la condition de voir précisément le nom, la profession, et les connaissances en commun que vous auriez avec cette personne. Mais il faut rester vigilant car de faux profils existent : des internautes souvent basés dans des pays (généralement étrangers) usurpent une identité pour entrer en contact avec vous, tisser un lien (avec des femmes), vous attendrir, et finir par vous demander de l'argent.
- Twitter et Facebook annoncent régulièrement faire le ménage parmi leurs « faux comptes » mais la tâche n'est jamais certaine d'aboutir totalement. Sur Facebook, il y aurait environ 270 millions faux profils (sur 2 milliards de comptes).

En 2016, des milliers d'utilisateurs ont reçu un message Facebook leur disant que leur nom avait été mentionné par un ami dans un commentaire. Quand l'utilisateur cliquait sur le lien vers ce commentaire, il téléchargeait aussi une extension malicieuse du navigateur Chrome sur leur ordinateur, raconte *Kaspersky Lab*. Une fois installée cette extension pouvait prendre le contrôle de son compte Facebook, et en extraire des données personnelles, notamment pour étendre l'emprise du virus en sélectionnant des contacts de la victime.

Pour régler vos paramètres de confidentialité et choisir un mot de passe suffisamment fort, revenez faire un tour dans le chapitre « Mon kit de survie ».

Pour aller plus loin : https://www.huffingtonpost.com/entry/hacker-online-safety_us_5b201b58e4b09d7a3d77e471?guccounter=1

69 COMMENT GÉRER LA FAÇON DONT MON NOM APPARAÎT DANS LES MOTEURS DE RECHERCHE ?

Les moteurs de recherche sont désormais un moyen quasi universel de se renseigner sur une personne. Votre employeur, votre petit(e) ami(e), vos voisins : tout le monde est susceptible de lancer une recherche à votre nom. Et s'il peut être frustrant de ne rien trouver, il est franchement néfaste que ces personnes trouvent des informations négatives à votre sujet.

- Tout votre intérêt est donc de maîtriser la science dite de « l'indexation » des moteurs de recherche. Basée sur des algorithmes, c'est elle qui range tel ou tel lien pour le faire ressortir en premier aux yeux du grand public à votre sujet. Par exemple, si vous apparaissez sur un site très bien référencé (que les algorithmes des moteurs lisent parfaitement ; c'est le cas des médias), c'est ce site qui apparaîtra en premier dans la recherche sur votre nom. Photos, commentaires, articles signés, tous ces éléments doivent au final refléter l'image que vous souhaitez donner de la même manière que vos vêtements ou votre CV professionnel. Commencez par faire l'essai vous-même, rentrez votre nom dans les principaux moteurs : Google, Bing, Qwant…
- Pour faire « remonter » des liens de votre choix, vous pouvez alimenter régulièrement cette présence par l'usage des réseaux sociaux, l'écriture de billets (sur Medium, LinkedIn) ou par la tenue d'un blog hébergé sur un site connu. Les moteurs de recherche ont la mémoire longue, mais ils aiment aussi la nouveauté. Les résultats plus récents auront la priorité dans l'indexation.
- Faites en sorte que votre nom apparaisse sur des pages Web visitées et au contenu conforme à vos aspirations.
- Surveiller l'évolution possible des résultats de recherche portant sur votre nom en créant une alerte Google pour celui-ci.
- Faites attention aux homonymes. Si certains d'entre eux ont une image dégradée cela peut vous porter atteinte. C'est ce qui a par exemple fait qu'un homonyme de Jérôme Cahuzac

a dû prendre publiquement la parole pour défendre son nom… Tâcher d'améliorer l'indexation de *vos résultats* dans l'algorithme des moteurs de recherche, nous allons le développer dans ce chapitre.

Pensez d'ailleurs que vous pouvez supprimer certaines URL sur les sites que vous possédez, dans les résultats de recherche Google. Aller dans « Outil de suppression d'URL ». Ce blocage dure 90 jours. Vous pouvez écrire également directement à Google pour faire retirer les informations sensibles (cartes bancaires, numéro de téléphone, image) apparaissant dans ses résultats.

Internet est la nouvelle place publique, et s'il est possible de vivre reclus, cette autarcie elle-même est un signe envoyé aux autres. Que cache-t-elle ? S'est-il présenté sous un faux nom ? Vous pouvez bien sûr choisir d'assumer cette discrétion, mais soyez conscient(e) qu'elle peut vous fermer certaines opportunités.

Tout le monde aujourd'hui a une e-réputation. Demain, celle-ci sera sans doute utilisée et analysée par les robots de l'IA chargés de l'estimation de votre profil d'assuré, d'emprunteur ou de justiciable. Apprendre à gérer son empreinte Internet n'a déjà plus rien d'un narcissisme techno-compatible. C'est une compétence de survie !

70 COMMENT AMÉLIORER MA RÉPUTATION NUMÉRIQUE ?

« *Il faut vingt ans pour bâtir une réputation et cinq minutes pour l'anéantir. Si vous y pensez, vous agirez différemment* ». Ce constat fait par le milliardaire américain Warren Buffet vaut aussi sur le net.

Face à cette réalité, les questions à se poser sont : « Quelle image de vous-même entendons nous donner ? » et « Qu'est-ce qui pourrait vous nuire ? ».

En 2016, 33 % des plaintes reçues par la CNIL avaient pour motif la suppression de contenu portant préjudice à l'e-réputation, soit près de 2 500 requêtes. Google aurait, lui, reçu 225 000 demandes de déréférencement pour la France via son formulaire suppression de contenu (voir 73 « Comment retirer un contenu négatif me concernant ? »). 49 % de ces demandes ont été accepté. Preuve, s'il en était besoin, que l'e-réputation est prise très au sérieux par les entreprises. La gestion de la réputation en ligne fait d'ailleurs intervenir de nombreuses entreprises, éditeur de logiciels et solutions, pour des contrats à plusieurs millions de dollars.

Sous bien des aspects, sa e-réputation est résumée aux résultats de la première page de recherche Google à son nom. La plupart des internautes s'y arrêtent. Demandez-vous si votre CV est à jour, si vous êtes prêt à assumer l'ensemble de vos tweets et commentaires signés. Y a-t-il une chance que cette malheureuse photo de vous apparaisse et vous compromette ?

La manière la plus simple de gérer ces questions est de se garder de donner le bâton pour se faire battre : ne postez rien dans la précipitation. La mémoire du net est très longue, et l'on doit garder à l'esprit que les moteurs de recherche sont redoutablement efficaces dans leur rôle d'archiviste paléographe.

Quelques conseils dans ce sens :

- Privilégiez les publications entièrement assumées et sérieuses au détriment des postes fantaisistes et loufoques.
- Faites le distinguo entre ses « amis » sur Facebook et ses contacts, et réglez vos « privacy settings ». Il convient de

laisser transparaître une image maîtrisée sur les moteurs de recherche. Tout dans votre page Facebook ne doit pas pouvoir être accessible à tout le monde. Pour cela, il est possible de faire des « groupes » (famille, amis, collègues...), que vous devrez ensuite gérer.

- Rappelez-vous que, contrairement à l'oral, les écrits restent et ouvrent une voie possible au chantage et au harcèlement.
- Évitez d'utiliser votre nom sur le réseau lorsque ce n'est pas nécessaire. Sur les forums comme sur les sites marchands, il est souvent préférable de prendre un pseudo. Ne faites pas comme cette jeune femme qui, par inattention, a posté des commentaires sous son véritable patronyme concernant les qualités d'un sextoy... c'est désormais l'un des premiers résultats qui s'affichent lors de toute recherche à son nom.

Par ailleurs, pour faire remonter l'indexation des résultats souhaités, et inversement pour enfouir les résultats moins favorables, il convient d'avoir une stratégie active d'occupation du terrain :

- Établissez une cartographie des sites utiles à votre réputation digitale. Par exemple, LinkedIn est un très bon endroit pour laisser un CV.
- Soyez vigilants vis-à-vis des pétitions (change.org, mesopinions.com, unepetition.fr) car même si la cause vous touche au plus haut point, cela reste une trace que vous laissez sur Internet et cela malgré l'anonymat en option.
- Tout sujet politique ou de géopolitique donné en pâture sur les médias ou sur les réseaux sociaux est clivant. Que vous soyez tenté d'écrire un long commentaire d'article ou un billet polémique pour répondre à un sujet, vous allez surtout attirer les « contre » (parfois très virulents). Les « pour » éprouvent naturellement moins le besoin de commenter. Tout cela vous rend en tout cas visible sur la toile.
- Enfin, faites preuve de sagesse et de bienveillance, deux caractéristiques qui dénotent dans cette ère du tout, tout le temps, tout de suite. Il s'agit de montrer que vous gardez vos opinions pour vos amis et la tête froide en toutes circonstances.

71 QUELLES PEUVENT ÊTRE MES TACTIQUES D'INFLUENCE SUR INTERNET ?

« *On a le droit de juger d'un homme à l'influence qu'il exerce sur ses amis.* » (Oscar Wilde) C'est dire combien les vérités de cette maxime peuvent être décuplés à l'heure du digital et de ses réseaux d'amis, tous exponentiels.

Mais si vous avez suivi les conseils de ce chapitre, vous ferez attention à vos amis et à votre image sur Internet. Vous contrôlerez ce qui se dit de vous, et avez enfoui les résultats de recherche embarrassants dans les profondeurs du référencement Google.

Peut-on aller plus loin ? Quelles techniques permettent de devenir soi-même un influenceur ? Ou du moins comment rendre son profil plus visible pour un employeur ?

On recommandera quatre types d'approches différentes :

1. Utilisez votre réseau.

   Cette technique consiste à faire appel à ses forces propres. Contactez sur le réseau les gens que vous connaissez déjà, invitez-les à participer à des groupes ou des médias auxquels vous participez vous-même. Essayez de jeter des ponts entre les différentes tribus que vous fréquentez sur le Web pour vous assurer un noyau d'auditeurs et de contacts. Tâchez également d'élargir ces liens avec les contacts de contacts.

2. Engagez-vous dans un processus créatif ou dans le soutien d'une cause. Le développement de contenu sur Internet permet de transmettre la meilleure image de soi. Fédérez les internautes autour d'un projet artistique, culturel, pratique ou humanitaire. Dans cette optique, parmi les meilleurs biais :
   - La création d'une chaîne thématique sur les hébergeurs de vidéos (comme *YouTube* ou *Dailymotion*).
   - La tenue d'un blog pour présenter vos créations artistiques ou littéraires.
   - La communication autour d'un projet personnel. Vous pouvez bâtir un site, cherchez des soutiens sur les sites de

financements participatifs, créer des pages dédiées sur Facebook, ou tout à la fois.

Pour toutes ces démarches, une règle d'or s'applique sur le net plus qu'ailleurs : la régularité. Il n'y a que comme cela que vous obtiendrez un début de reconnaissance ou de visibilité. Elle est certes parfois contraignante et difficile à tenir : prenez-la comme un entraînement à la persévérance !

3. Rebondissez sur l'actualité.

   Engagez le débat sur les réseaux sociaux autour de faits de société. Devenez votre propre média et donnez votre éclairage sur les événements. Utilisez vos forces : l'humour, le dessin, le sens de la formule, l'érudition... En cas de « Buzz » soyez opportuniste et n'hésitez pas à reprendre les codes et les images qui ont le vent en poupe. Vous pouvez simplement les reprendre tels quels, ou les détourner de manière créative. Quoi qu'il en soit, il est impératif de « sourcer » l'auteur et de rendre à César... C'est l'une des règles d'or dans cet océan de gratuité apparente qu'est le Web.

4. Inspirez-vous du monde entier. Le Web est une formidable ouverture et une fenêtre sur des cultures et des pensées différentes. Naviguez sur les sites étrangers pour repérer les techniques des influenceurs. La langue anglaise étant ultra dominante, n'hésitez pas à privilégier les contenus anglo-saxons qui atteignent mécaniquement plus d'internautes. De même, de par leur usage en avance du mobile, les Chinois peuvent être intéressants à observer, avec une traduction naturellement.

Pour aller plus loin : *E-Réputation*, éditions Ellipses, Edouard Fillias, Alexandre Villeneuve.

72 COMMENT ÊTRE ALERTÉ SUR MA RÉPUTATION DIGITALE ?

« *Une once de bonne réputation vaut mieux que mille livres d'or.* », comme dit un proverbe français et que le Web pourrait porter sur son frontispice. De fait, la réputation digitale est un capital vivant. Elle est nourrie par le flot constant de l'information du réseau et se modifie en conséquence. Puisque ce flot est impossible à endiguer, et que vous ne pouvez guère vous payez le luxe d'une surveillance 24 h/24 de votre réputation sur Internet, vous devez trouver des outils adaptés à cette mission.

La solution la plus courante passe par l'omniprésent Google. « Google Alert » est un service de notification des changements intervenus dans les résultats d'une recherche donnée. Par exemple, pour une recherche à votre nom, Google vous enverra un mail pour vous tenir au courant si des modifications ont lieu : des articles vous citant, des contenus publiés à votre nom, des références dans des blogs ou des réseaux sociaux.

N'oubliez pas d'ailleurs que les moteurs de recherche ont tendance à déteindre sur nous : dans le cadre professionnel, nous fonctionnons par mots-clés. Veiller donc à être bien identifiable dans votre domaine, sur une à deux thématiques claires en particulier et ainsi avoir une marque personnelle limpide. Vous trouverez de nombreux conseils sur des pages anglophones en matière de « personnel branding ».

De nombreux autres outils de veille accessibles aux particuliers existent, voici une brève présentation de certains des plus connus :

- Le gratuit Talkwater Alert, basé au Luxembourg. Il vous permet de gérer votre présence en ligne et vous tient informé des sujets qui vous intéressent.
- BoardReader, gratuit lui aussi, est spécialisé dans la recherche de mots clés sur les forums, qui peuvent parfois échappés à l'indexation conventionnelle.
- Pipl, le moteur de recherche de personne peut être aussi un outil intéressant.
- Il est aussi possible de mesurer votre influence à l'aide de plateforme d'agrégation des flux des réseaux sociaux ou

« tableau de bord ». Principalement utilisée par les entreprises pour surveiller leur image de marque à l'aide d'un « community manager », ces outils sont aussi disponibles pour vous. Combien de vos contenus ont été partagé ? Quel est l'engagement de vos « suiveurs » sur une semaine donnée ? Qui vous a le plus « retweeté » ? Quelle « baleine » des réseaux sociaux (une personne ayant un nombre important de suiveurs et un fort pouvoir de recommandation vous a mentionné) ? Pour le particulier, les outils les plus connus sont Hootsuite ou Mention.

73 COMMENT RETIRER UN CONTENU NÉGATIF ME CONCERNANT ?

Une grande partie de son e-réputation se trouve résumée sur une seule page : la première page de résultats Google pour une recherche vous concernant. L'écrasante majorité des gens utilisant Google s'arrête là. Cela est donc vrai pour vos employeurs, consommateurs ou beaux-parents prospectifs. Il est donc vital que cette page ne recèle pas de contenu négatif : photo déplacée, controverse, calomnie, critique acerbe, propos déplacé tenu sur un forum des années plus tôt.

Si vous avez directement le contrôle sur ces contenus, dans le cas de vos comptes réseaux sociaux par exemple, faites le nécessaire pour améliorer votre image. Dans le cas contraire, sachez que s'il est théoriquement possible de demander à Google de retirer un lien indexé via le formulaire de suppression de contenu, en pratique, la démarche est longue, pour souvent ne pas aboutir.

Google réagit principalement lorsque les informations sont clairement confidentielles (carte d'identité…) ou personnelles (photos nues…). Ainsi, il y a peu de chance que Google supprime une opinion que vous auriez émise sur un blog sous le coup de la colère ou une photo de fin de soirée. Si ce contenu problématique a été publié par un autre, il faut demander directement à la personne responsable du site. Vous aurez alors, peut-être, gain de cause, en raison du droit à l'image. Par contre, si vous êtes l'auteur et le diffuseur du contenu, vous aurez peu de chance que le responsable du site fasse un quelconque effort.

La meilleure façon de cacher un contenu déplaisant est donc de le noyer sous des contenus neutres ou positifs. Vous le ferez progressivement sortir de la première page de résultats en ajoutant régulièrement des informations. Cette technique est utilisée par les marques qui ont traversé une période de crise. Leurs conseillers en communication déclenchent de vastes campagnes pour « nettoyer » Internet des mauvais souvenirs. On peut citer Uber qui annonce la fin de ses tests sur la voiture autonome, quelques mois après plusieurs accidents mortels. Mais les champions de la manœuvre sont sans doute les politiques qui savent jouer de la petite phrase ou du petit mot pour saturer l'espace linguistique des recherches. En fouillant un peu, on retrouve malgré tout les archives…

- Nourrissez vos profils sur les réseaux sociaux : Facebook, Instagram, Google+, YouTube, mais aussi LinkedIn, très appréciés des employeurs. En 2017, 16 millions de Français possédaient un profil sur le réseau des professionnels LinkedIn (sur un total de 560 millions).
- Si vous avez un blog, mettez-le jour, sinon pourquoi ne pas en créer un ? Vous trouverez facilement des outils adaptés sur Internet. Une plateforme d'édition et d'hébergement telle WordPress est particulièrement simple d'utilisation.
- Laissez des commentaires sur des sites ou des forums dont les contenus sont reconnus pour leur qualité.
- Bâtissez une communauté autour de vous. Ces échanges plus nombreux obligeront des modifications plus rapides de votre indexation par les moteurs de recherche.

Au final, la démocratisation des savoirs offerte par Internet vous donne la possibilité de vous bâtir une réputation, si ce n'est d'expert, en tout cas de sachant dans un domaine en particulier.

Ainsi, la prochaine fois que vous ferez une recherche sur votre nom, celui-ci sera directement associé à votre domaine de compétences, sans aucune mauvaise interférence.

COMMENT PRÉPARER SA MORT AVEC INTERNET ? 74

« Mort à jamais ? Qui peut le dire ? » (Marcel Proust). En effet, avec Internet qui enregistre tous nos faits et gestes, nos relations, nos goûts… est-ce vraiment la fin de tout avec le digital ? Ajoutez à cela l'essor de l'intelligence artificielle, capable d'apprendre tout toute seule, à partir de quelques-unes de vos données. Vous obtenez alors un rêve, certes fou, venu de courants transhumanistes ou posthumanistes (ceux qui veulent augmenter l'homme grâce aux technologies) : dans un futur proche, il sera possible de télécharger l'ensemble des données qui composent un esprit humain dans un grand ordinateur central qui nous permettra de penser et d'interagir éternellement, sous une forme immatérielle…

Recréer la personnalité, les conversations et les habitudes d'un défunt, grâce aux technologies (machine learning, langage programmé, réalité virtuelle…), c'est aussi le pari que se sont lancés plusieurs chercheurs. C'est donc loin d'être de la pure science-fiction.

Au quotidien, des questions plus terre-à-terre peuvent survenir : le digital me permet-il de mieux préparer le décès ? Puis-je continuer à exister après la mort ? Quel est le testament du futur ?

Pour y répondre, des bataillons de nouvelles entreprises, sorte de pompes funèbres nouvelles générations, se sont créés. Et certaines proposent des services qui valent le détour, comme le raconte *Le Figaro* :

- Le plus évident : il est possible de stocker vos données dans un coffre-fort numérique auquel seuls vos héritiers pourront accéder. Ils les recevront de manière automatique après le décès. Pour vos identifiants et mots de passe, il est aussi possible de les sauvegarder en ligne, pour les restituer aux personnes désignées, en temps voulu. Cela permet notamment aux proches de rapidement prendre la main sur vos réseaux et annoncer la mauvaise nouvelle à tous vos contacts.
- Pour être sûr de rester en contact avec vos proches, certaines sociétés proposent d'envoyer vos messages dans le futur, écrits pour des proches.
- Vous pouvez aussi faire financer des obsèques grâce au financement participatif. En 2015, le prix moyen d'une crémation

était de 3609 euros, et celui d'une inhumation de 3350 euros, selon une étude obseques-infos.com. Pour ceux qui ne pourraient s'en acquitter, la Ville de Paris a créé l'aide Tontine 2.0.

- Le jour de la cérémonie, vous pouvez prévoir un petit pupitre connecté à placer pendant les obsèques et sur lequel s'afficheront les messages des donateurs.
- Vous pouvez aussi diffuser la cérémonie partout dans le monde via une plateforme privée qui la retransmettra en direct (l'offre de Afterweb-Venture). Pour des amis à l'étranger, cela peut être utile.
- Enfin, il est possible de faire entretenir sa tombe grâce à un service à distance. Ainsi, pour la société AlloleCiel, l'innovation réside dans la mise en relation avec des particuliers à proximité. Le plus proche du cimetière ira refleurir la tombe et nettoyer pour vous en cas d'éloignement.

Avec d'autres start-up, la mort physique devient une nouvelle aventure. Elysium Space propose d'envoyer vos cendres dans l'espace, une autre de planter un arbre avec vos cendres, ou encore d'enfermer votre odeur dans un flacon pour laisser une fragrance à vos proches...

Enfin sur Testamento, vous pouvez écrire votre testament en ligne avec l'aide de notaires et d'avocats. Bien sûr, comme à chaque fois, faites attention aux sites non spécialistes. Certaines pompes funèbres faisant mine de se digitaliser n'hésitent pas à vendre une annonce de décès en ligne avec la promesse de « contrôler » la réputation post mortem du défunt... Le résultat est souvent décevant et insignifiant. Renseignez-vous auparavant.

75 HÉRITAGE NUMÉRIQUE : POURQUOI TRANSMETTRE ET COMMENT ?

Si la plupart des transhumanistes (ceux qui croient en une nouvelle espèce humaine augmentée par la technologie) croit en l'immortalité, dans les faits, c'est presque déjà le cas en ligne. Car lorsque l'on meurt, toutes nos données restent disponibles en ligne. Celles que nous avons publiées, ou celles que nous avons achetées. Dès lors, comment les transmettre ?

Cette question, lorsque l'on perd un proche ou qu'il est dans un coma profond, rares sont les personnes qui se la posent. Ses accès bancaires, les comptes administratifs ou sociaux : que laisser et comment ?

Il faut préparer ce genre d'éventualités en amont, séparer ses comptes « visibles » des autres plus douteux, et laisser une possibilité aux proches de reprendre la main sur le vital (banque, administratif) ou les comptes sociaux présentables (type Facebook).

Une partie croissante de nos biens culturels n'existe que sous une forme dématérialisée, elle est donc sujette à des mots de passe et des demandes d'identification.

La loi Informatique et Libertés prévoit bien que les héritiers peuvent demander la prise en compte de la mort dans les fichiers informatiques et en ligne. Dans la plupart des cas, sur la base du secret des télécommunications, les familles peuvent clore ces comptes sans avoir accès à leur contenu. Mais en aucun cas la loi ne prévoit une transmission des comptes et données numériques en cas de décès.

En effet, les bases de données (comme de la musique et les livres par exemple) que l'on peut acheter en ligne ne peuvent se transmettre à l'héritier : ces bases sont considérées comme un service utilisé et non comme un bien immatériel. Le piège se trouve dans les conditions d'utilisations que l'on accepte au moment de s'inscrire. On n'achète plus quelque chose, mais le droit de l'utiliser, on achète le droit de mise à disposition, pas le produit en lui-même.

En cas de décès, Facebook vous propose de nommer un contact légataire pour gérer votre page transformée en Mémorial, ou vos proches peuvent laisser des messages. Vous pouvez également choisir que votre page disparaisse avec vous. Cette dernière option doit être précisée à Facebook, qui le cas contraire choisira la première option.

Le mémorial Facebook propose les fonctions suivantes :

- Le mot « En mémoire de » apparaîtra à côté du nom de la personne sur son profil.
- Selon les paramètres de confidentialité du compte, les amis peuvent partager des souvenirs sur la chronologie mémorisée.
- Le contenu partagé (les photos ou les posts) reste sur Facebook et est visible par le public avec lequel il a été partagé.
- Les profils mémorisés n'apparaissent pas dans les espaces publics tels que les suggestions pour les personnes que vous connaissez, les annonces ou les rappels d'anniversaires.
- Personne ne peut se connecter à un compte commémoratif.
- Les comptes « en mémoire de » qui n'ont pas de contact légataire spécifié ne peuvent pas être modifiés.
- Les pages avec un administrateur unique dont le compte a été commémoré pourront être supprimées de Facebook en cas de demande jugée valide de la famille.

La question de l'héritage des données n'est d'ailleurs pas la seule qui mobilise les proches. En Allemagne, à l'été 2018 dans le cadre d'une enquête judiciaire, des parents ont obtenu le droit d'accéder au compte Facebook de leur fille cinq ans après son décès, et ce, pour tenter d'en connaître les circonstances exactes.

Pour aller plus loin, la CNIL a mis en ligne plusieurs articles sur « la mort numérique » :

https://www.cnil.fr/fr/mort-numerique-peut-demander-leffacement-des-informations-dune-personne-decedee-0

https://www.cnil.fr/en/node/15720

https://www.facebook.com/help

COMMENT PROTÉGER MON IDENTITÉ ? 76

La France est la vice-championne… du vol de données personnelles sur Internet ! C'est ce qu'a révélé une étude du spécialiste de la cybersécurité Symantec, menée en 2017. Cette année-là, plus de 85 millions d'éléments d'identité ont été volés sur Internet. De quoi passer l'Hexagone deuxième pays le plus touché par le vol, derrière les États-Unis et avant la Russie. Pour les assureurs et les particuliers, cette attaque spécifique se chiffre en centaines de millions d'euros de pertes !

Le terme de vol d'identité s'applique à tout type d'arnaque ou fraude qui amène la perte de données personnelles au profit du criminel. Cela inclut les noms, les mots de passe, les informations bancaires, les numéros de carte de crédit, les numéros de sécurité social. Ces données sont ensuite utilisées à des fins malveillantes. De plus en plus, les enfants sont victimes de la fraude d'identité, selon Javelin Strategy une entreprise de sécurité qui a chiffré à plus de 1 million d'enfant victimes de vol d'identité en 2017.

Les conséquences peuvent être mineurs ou plus sérieuses : perte de milliers d'euros, perte de réputation (due au chantage que l'on vous fait sur une image compromettante par exemple), d'opportunités professionnelles ou personnelles. Certaines victimes ont même fait l'objet d'une poursuite criminelle pour des faits commis par leur voleur, sous le paravent de l'identité dérobée.

Comment font les voleurs ?

Il y a déjà les anciennes méthodes, d'avant Internet : on vole le courrier, les empreintes de carte de crédit, les portefeuilles, on fouille les poubelles et interroge les proches ou collègues sous des prétextes fallacieux.

En ligne la technique la plus employée est celle du phishing (voir 82 « Qu'est-ce que l'« ingénierie sociale » ? »). Ouvrir une pièce jointe télécharge automatiquement un malware, ou cliquer sur un lien établit une communication depuis votre appareil vers des réseaux non sécurisés ou corrompus (voir 85 « Qu'est-ce qu'un maliciel et comment les éviter ? »). Vos informations sont alors collectées. Vous pouvez aussi commettre l'erreur de fournir vous-même vos mots de passe aux criminels. Cela arrive notamment lorsqu'un faux support technique ou SAV les demande.

Quelques conseils pour éviter le pire :

- Apprenez à identifier les techniques des arnaqueurs du Web (voir chapitre « Les Prédateurs »).
- Utilisez des mots de passe forts, nous en parlons au début du manuel (voir 4 « Qu'est-ce qu'un bon mot de passe ? »).
- Faites très attention à vos relevés bancaires.
- Procédez immédiatement à la suspension de votre carte de crédit si vous pensez qu'elle a été corrompue.
- Faites attention à faire les mises à jour de votre système d'exploitation. Installez aussi un anti-virus.
- Ne donnez pas vos coordonnées bancaires aux sites en dehors de quelques-uns jugés fiables (les gros sites « historiques » du Web par exemple).

Enfin, prêtez attention aux signes de vol d'identité, comme :

- De faux renseignements sur vos relevés, y compris votre adresse, votre nom ou nom de l'employeur.
- Des factures manquantes. Si vos factures n'arrivent pas ou arrivent en retard, contactez vos créanciers. Une facture manquante peut indiquer qu'un voleur d'identité a détourné votre compte et a changé votre adresse de facturation pour aider à cacher le crime.
- L'obtention de nouvelles cartes de crédit pour lesquelles vous n'avez pas postulé.
- Voir une approbation de crédit vous être refusé, ou la voir soumise à des taux d'intérêt élevés sans raison apparente.
- Recevoir des appels ou des avis sur les factures en souffrance pour des produits ou services que vous n'avez pas achetés.

Si le piratage a encore de beaux jours devant lui, employant même des milliers de personnes dans le monde, c'est à chacun de connaître les moyens de défense pour y faire face.

Pour aller plus loin :

https://www.webroot.com/au/en/home/resources/tips/getting-started/beginners-how-can-i-protect-myself-from-identity-theft-online

77 COMMENT SE PRÉMUNIR DES MAUVAISES RENCONTRES?

Quand un inconnu vous contacte, il est toujours bon de se demander : « Pourquoi le fait-il ? » Et comme dans les fables de la Fontaine, tout flatteur vit aux dépens de celui qui l'écoute : des déclarations d'amour ou des promesses de félicité de la part d'une personne tombée du ciel n'augurent rien de bon.

D'un point de vue pratique, avoir le réflexe de rentrer le mail de ce contact mystérieux dans un moteur de recherche peut vous en apprendre davantage. A-t-il ou a-t-elle un profil Internet détaillé ? Si c'est le cas, jugez vous-même, si non, marchez sur des œufs.

Souvent, on compare les « trolls », ces auteurs de commentaires scabreux et malins par plaisir, à des psychopathes. La raison est simple : la culpabilité, le remord, la pitié ou la sympathie sont autant d'émotions qu'un psychopathe n'éprouve que très faiblement ou pas du tout. Ce qui semble alors être l'un des caractéristiques du troll.

Dès lors, Internet est-il un repère de psychopathes ? Une étude canadienne vient calmer un peu cette angoisse. Elle révèle que l'influence des personnes narcissiques, machiavéliques ou psychopathes est moins forte en ligne que dans la vie réelle (Université de Colombie-Britannique, 2013-2014). De fait, l'absence de langage non verbal (gestes, regards, silences...) mettrait du plomb dans l'aile à la stratégie du psychopathe.

De même, avec l'essor de l'intelligence artificielle et des codes éthiques auxquels il faudra l'adosser, des chercheurs du MIT entendent bien prévenir l'envie de mal. En 2018, ces derniers ont entrainé le programme « Norman » à être particulièrement méchant dans une conversation avec un humain, et ce, grâce ou à cause de ses algorithmes. Leur objectif est d'abord de sensibiliser sur les dangers d'une IA sans éthique, mais aussi de prévenir le mal... par le mal.

En attendant, et notamment en raison de la déferlante des applications sur mobile spécialisées dans la rencontre amoureuse (Tinder, Happn, Once...) ou même professionnelle (Shapr, Ripple), le risque de croiser ce type de profils augmente mécaniquement. Mais difficile alors de faire la différence entre le classique profil du « coureur » que l'on verra sur plusieurs applications de dating avec une photo de surfeur au vent, largement trafiquée (et inoffensif toutefois), du psychopathe avéré qui aime faire souffrir.

De même un ou une harceleur(se), qu'il soit dans la rue ou sur une application, n'est pas forcément un psychopathe ou un pervers narcissique. Là encore, c'est à vous de distiller les informations sensibles vous concernant, de faire quelques tests de langage avec votre interlocuteur pour savoir si vous pouvez construire un échange professionnel ou d'ordre privé.

Pour aller plus loin :

Randy J. Vander Molen, Seth Kaplan, Ellim Choi, and Diego Montoya, « Judgments of the Dark Triad based on Facebook profiles, » *Journal of Research in Personality* 73, 2018, 150-163.

https://www.telegraph.co.uk/lifestyle/9064008/Is-there-a-psychopath-in-your-inbox.html

COMMENT REPÉRER LES COMPORTEMENTS DÉVIANTS EN LIGNE ?

Sur Internet, chaque année, il y a le classement des champions de la mauvaise influence pour la paix dans le monde. C'est le magazine Wired qui s'amuse à lister ces spécimens les plus dangereux. En 2018, on trouve ainsi Donald Trump et ses tweets bienveillants, Kim Jung Un et son pays très ouvert, le groupe terroriste ISIS et ses vidéos du bonheur, ou encore le groupe de hackers Lazarus, responsable du virus WannaCry (voir 86 « Qu'est-ce qu'un rançongiciel et comment s'en prémunir ? »), en passant par le créateur du site néo-nazi Daily Stormer. En somme, toutes les bonnes fréquentations du moment et qui bénéficient toutes d'une forte exposition médiatique sur Internet.

Mais tous les propos nuisibles ou déviants ne sont pas aussi visibles ou célèbres. Sur le Web, on trouve également trois traits de personnalité (aussi appelé La Triade noire) : le narcissisme, le machiavélisme et la psychopathie. Ce trio est souvent associé à des actes de manipulations. Ils sont jugés la cause de nombre de déboires dans le cadre personnel et professionnel pour les personnes en contact avec des individus présentant ces traits de personnalité.

Comment repérer deux de ces traits sur Internet, les plus fréquents, les narcissiques et les machiavéliens :

Les narcissiques : Les personnes narcissiques sont égocentriques et ont un sens exagéré de leurs talents et de leurs réalisations. Ils refusent d'admettre leurs défauts et de les projeter sur ceux qui les entourent. Par exemple, un narcissique qui craint secrètement de ne pas être assez intelligent accusera ceux qui l'entourent d'être stupides pour stimuler son propre ego. Ils adorent les compliments autant qu'ils ne supportent pas la critique, qui est souvent perçue par eux comme une déclaration de guerre. Ils ont de la difficulté à entretenir des relations saines et ont tendance à chercher des postes d'autorité dans leur vie professionnelle.

Le narcissisme est la partie de la triade noire la plus facile à identifier, notamment sur les réseaux sociaux. Les individus présentant ce trait s'efforcent de présenter un profil exagérément flatteur, au ton quasi publicitaire. Leurs messages sont généralement plus longs que la moyenne.

Les machiavéliens : Les personnes présentant un haut degré de machiavélisme sont doubles, rusées et manipulatrices. Ils font du pouvoir, de l'argent et de la victoire leurs priorités absolues. Ils ignorent facilement les règles morales et sociales et en conséquence, mentent aux autres et les manipulent avec peu ou pas de sentiment de culpabilité. Gordon Gekko du film *Wall Street* en est un bon exemple.

Parce que ces gens sont des maîtres manipulateurs, ils sont souvent charmants et populaires, au moins sur un plan superficiel. Ils peuvent feindre de l'intérêt et de la compassion pendant une courte période, mais cette façade disparaît rapidement.

Abell et Brewer (2014) ont étudié le machiavélisme sur Facebook, un trait de personnalité caractérisé par un détachement émotionnel, un cynisme et une manipulation interpersonnelle. Ils signalent que les hommes et les femmes machiavéliques s'engagent davantage dans l'autocontrôle de Facebook. Plus précisément, ils ont constaté que les femmes machiavéliques se livraient à plus d'agressions relationnelles envers leurs amis proches sur Facebook et à une auto-promotion malhonnête, tandis que les hommes machiavéliques s'engageaient davantage dans l'autopromotion.

Les machiavéliens postent en général des phrases courtes, par opposition aux narcissiques. Ils pourraient ainsi limiter stratégiquement la quantité d'informations personnelles qu'ils fournissent, choisissant plutôt de partager des informations sur les événements qui les rendent importants.

Bien sûr, beaucoup de personnes formidables utilisent aussi des messages courts.

Pour aller plus loin :

Randy J. Vander Molen, Seth Kaplan, Ellim Choi, and Diego Montoya, « Judgments of the Dark Triad based on Facebook profiles, » *Journal of Research in Personality* 73, 2018, 150-163.

Machiavellianism, self-monitoring, self-promotion and relational aggression on Facebook, Gayle Brewer, Loren Abell.

https://www.psychologytoday.com/intl/blog/the-social-thinker/201801/how-spot-psychopath-three-traits-you-should-look

https://www.psychologytoday.com/intl/blog/why-bad-looks-good/201801/are-you-facebook-friends-psychopath-how-tell

79 COMMENT BIEN PARAMÉTRER VOS PROFILS DE SITES DE RENCONTRES ?

Les sites de rencontres et applications mobiles sont aujourd'hui incontournables à l'ère numérique. Un Français sur quatre (26 %) a déclaré s'être déjà inscrit au moins une fois sur un site ou une application de rencontre. En douze ans, leur proportion a doublé (IFOP, janvier 2018) et cela pour une raison principale : la démocratisation de l'usage auprès de toutes les catégories socio-professionnelles. La rencontre en ligne n'est plus uniquement l'apanage de solitaires en manque d'aventure ; elle est devenue un vrai outil de socialisation. Des millions de couples s'y sont connus (un certain nombre s'y sont probablement défaits aussi…).

Pourtant, les sites et applications ne sont pas dénués de risque comme certains scandales l'ont montré. En 2015, le piratage du site de rencontre adultère Ashley Madison a ainsi compromis des centaines de milliers d'usagers. On découvre alors que certains sites conservent vos données indéfiniment, et ce, même après que vous ayez effacé vos profils en ligne et supprimé vos comptes. Dans ces conditions quelles précautions prendre ? Et comment établir un profil qui attirera l'attention sans vous mettre en danger ?

Renseignez-vous sur la politique de confidentialité des sites de rencontre que vous fréquentez. Suite aux récents scandales ayant éclaboussé Facebook, de nombreux sites de rencontre ont modifié leur politique en la matière, ou du moins semblent décidé à le faire.

N'oubliez pas que vous disposez aussi du « droit à l'oubli » ou droit à l'effacement de vos données. En tant que citoyen européen, cette disposition est inscrite dans le marbre par un nouveau règlement publié en 2018 ; le « RGPD » (Règlement de protection des données personnelles).

Comment protéger votre intimité en utilisant des sites ou applications de rencontre ? Le plus simple est de ne communiquer aucune info permettant de vous retrouver : pas d'adresse, pas de lieu de travail, de numéro de fixe ou le nom de l'école ou l'université que vous fréquentez. Inutile de brûler les étapes, chaque chose en son temps.

Allez ensuite sur votre compte pour en établir les paramètres : vous pourrez ainsi être averti dès la réception d'un nouveau message, d'un flash, d'une visite ou lorsqu'un membre vous ajoutera à ses favoris.

Pour ce qui est de votre profil lui-même, soyez honnête sans rien montrer qui puisse être perçu comme inquiétant ou déplacé. Choisissez des photos claires, qui vous représentent sans trop d'artifice. Faites attention aux questions du revenu, de la religion et des choix politiques. À moins bien sûr qu'il soit capital pour vous d'être clair à ce sujet de prime abord. Tout comme la question de la fidélité, de plus en plus propre à chacun. En 2018, 33 % utilisait un site ou une application de rencontre… tout en étant déjà en couple.

Éviter de faire des listes interminables de vos favoris dans chaque domaine culturel… On se lasse vite de lire la page d'un(e) inconnu(e). Si vous vous connectez via Facebook, ce que propose de plus en plus de sites ou applications, sachez que ce seront les mêmes informations de profil de votre compte qui seront alors reprises.

Choisissez également l'honnêteté dans vos intentions. Faites très attention à toute information personnelle que vous divulguez, surtout avant que vous ne vous rencontriez en personne. Les voleurs d'identité parcourent les sites de rencontres, ce qui signifie qu'il est important de garder votre vigilance à tout moment. Utilisez une adresse email distincte qui ne contient aucune information personnelle identifiable jusqu'à ce que vous vous soyez rencontrés et déterminé qu'il s'agit d'une personne réelle avec les bonnes intentions.

Gardez aussi les pieds sur terre sur ce qui est aussi souvent un jeu de masques ou un nouveau passe-temps anti-solitude. A peine plus d'un Français sur deux (57 %) a déclaré avoir rencontré quelqu'un « en vrai » après une rencontre digitale. Il y a donc beaucoup de bavardages pendant plusieurs heures. Sans oublier le risque d'addiction à cette manière de vivre autrement sa libido. 16 % ont admis avoir déjà eu l'impression d'y être « addict », toujours selon l'IFOP.

QU'EST-CE QUE LE SEXTING ? 80

C'est l'envoi de photos dénudées de soi-même ou de messages sexuellement explicites à un correspondant. Une idée complètement loufoque qui ne vous viendrait jamais à l'esprit, pensez-vous alors... N'en soyez pas si sûrs. S'il est possible d'envoyer des messages éphémères, colorés et drôles et qui disparaissent comme par magie dès qu'ils ont été vu par son destinataire, cela rend la pratique presque amusante. Car ce que vous pensiez être de l'exhibitionnisme peut en fait rapidement devenir un jeu ; un piment dans un quotidien surchargé d'informations qu'exploitent de nombreuses applications mobiles qui visent la génération « Millenial » (ceux nés après l'an 2000). Le roi de la messagerie éphémère est Snapchat. En Asie, le concurrent s'appelle Snow. Dès lors, sexting et message éphémère font la paire.

Parce qu'il est pratiqué comme un jeu, le sexting pose la question de l'âge des protagonistes. Une chose est sûre, depuis quelques années, après s'être largement répandu, il est entré dans les mœurs (étude JAMA Pediatrics). Bien que la majorité des adolescents déclarent ne pas faire de sexting, 15 % d'entre eux disent qu'ils envoient des messages de ce type, et 27 % disent les recevoir. L'activité est également plus fréquente à mesure que les adolescents approchent de la majorité. Plus troublant, dans cette étude, un ado sur huit affirme avoir transmis ses photos à un tiers ; créant donc relation, certes digitale, mais non consentie.

De même, plus de la moitié (57 %) se sont vus réclamés des images de ce genre par un contact. Beaucoup d'adolescents, que leurs parents jugent pourtant plus au fait des technologies qu'eux-mêmes, ont une faible conscience des dangers comportés par cette activité.

Or, le risque du sexting est double : le destinataire peut soit vous faire chanter, soit ces photos peuvent tomber dans les mains de gens malveillants, de pirates informatiques, ou des proches du destinataire. C'est une source de harcèlement potentiellement majeure et elle pose donc la question de l'âge minimum pour posséder un smartphone.

En clair, pas d'appareil de ce type avant d'avoir jugé un ado responsable, et d'avoir une conversation franche sur le sujet du sexting et de la vie privée sur le réseau en général. C'est une pédagogie indispensable au vu des risques : l'archivage et la large diffusion est toujours possible et une malveillance peut marquer durablement dans une période de leur vie qui reste celle de l'innocence.

Faites-leur bien prendre conscience qu'une fois l'information envoyée, ils n'en seront plus maîtres, et ce, même si les messages disparaissent immédiatement. Il suffit de faire une impression écran, ou si la fonction est désactivée de prendre tout simplement l'écran en photo. Sur le digital rien ne s'efface jamais vraiment.

Dans le cas d'adultes consentants, lorsque vous connaissez réellement la personne destinataire et lui faites confiance, les conseils de sexologues pullulent sur le net ! Toutefois, rappelez-vous des photos nues de Laure Manaudou diffusées sans doute par un de ses ex compagnons (ou un de leurs proches) et qui aujourd'hui refont surface malgré les efforts de ses avocats.

Pour aller plus loin :

http://time.com/5172906/sexting-messages-teens/

https://jamanetwork.com/journals/jamapediatrics/article-abstract/2673719

https://www.health.com/sex/sexting-can-make-relationship-hotter

COMMENT FAIRE FACE AU CHANTAGE EN LIGNE ? 81

Le chantage digital est une notion qui renvoie aussi bien à l'usage des logiciels de rançongiciels, ou ransomware, qu'au chantage à la webcam.

Dans les deux cas, la question est celle du danger de faire confiance trop rapidement sur Internet. Nous l'avons vu également, la nouvelle star du chantage en ligne est la technique de la « sextorsion » (voir 89 « Sextortion, les maîtres chanteurs d'Internet ? »). Tout dévoiler à la multitude, c'est aussi le levier de nombreuses affaires de « sextape » publiées sur Internet en échange d'argent ou pour laver un affront...

Il existe différentes techniques d'hameçonnage, ou phishing, utilisées dans ce cadre par les pirates. Elles sont abordées plus en détail précédemment (voir 16 « Comment repérer les principales arnaques ? »). Les messages d'hameçonnage connus utilisent des techniques d'ingénierie sociale classiques indiquant par exemple « Votre fichier scanné est dans ce mail » pour inciter la victime à ouvrir l'archive en pièce jointe et à exécuter le maliciel (ou malware).

Il est possible de les dénoncer aux autorités, comme la fait un célèbre joueur de football français en se rendant à la police au sujet d'un chantage sur une sextape... En France, il existe aussi l'OCLCTIC, un organisme public au nom quelque peu barbare pour Office central de lutte contre la criminalité liée aux technologies de l'information et de la communication. Créé en 2000, c'est un service spécial de la Sous-direction de la lutte contre la cybercriminalité (SDLC), lui-même sous l'autorité de la Police judiciaire.

Un site pour faire un signalement de comportement illicite a également été mis à disposition : internet-signalement.gouv.fr. Enfin, l'État a aussi créé la B.E.F.T.I (la brigade d'enquêtes sur les fraudes aux technologies de l'information) qui mène des actions de sensibilisation.

Côté prévention, le CERT-FR, la « Computer Emergency Response Team » française recommande les actions suivantes :

- la sensibilisation des utilisateurs : la plupart de ces messages sont non sollicités, d'un émetteur inconnu et contiennent des fautes d'orthographe ;

- l'utilisation des restrictions logicielles notamment pour interdire l'exécution de code depuis les répertoires temporaires ;
- la sauvegarde régulière des fichiers des utilisateurs sur des supports hors ligne ;
- la mise à jour des bases de signatures d'anti-virus et de passerelles de messagerie ;
- la protection appropriée des partages de fichiers, notamment en positionnant les permissions en lecture seule lorsque c'est possible ;
- l'application des correctifs de sécurité (système d'exploitation et applications).

Si un utilisateur est victime de ce type de maliciel, le CERT-FR recommande la conduite suivante :

- isoler au plus vite le poste compromis du réseau ;
- identifier le message malveillant et rechercher d'éventuelles copies envoyées à d'autres destinataires afin de les supprimer ;
- bloquer sur le serveur mandataire l'accès aux domaines ou URLs identifiés dans le message malveillant ;
- reformater le poste client et réinstaller un système sain ;
- restaurer les copies de sauvegarde des fichiers perdus.

Il faut se souvenir que le versement de la rançon à l'attaquant ne garantit pas le déchiffrement des fichiers. Vous pouvez, si vous tenez absolument les récupérer tenter de vous renseigner en ligne sur rançongiciel en question : Est-ce dans l'habitude des pirates de tenir leurs engagements ? Même dans ce cas, c'est à vos risques et périls.

Pour aller plus loin :

http://blog.trendmicro.be/why-digital-extortion-works-better-than-blackmail/

https://www.ssi.gouv.fr/

LES PRÉDATEURS

QU'EST-CE QUE L'« INGÉNIERIE SOCIALE » ?

Il existe trois biais principaux : la confiance, l'appât du gain et la peur.

Faisons un rapide tour d'horizon de certaines des techniques employées sur Internet, cette fois-ci par thème. Elles font toutes appel à des techniques dites « d'ingénierie sociale », soit des pratiques de manipulation psychologique à des fins d'escroquerie.

1. Jouer sur la confiance.
   - Le phishing, ou hameçonnage, est abordé plus longuement dans un autre chapitre.
   - Les cartes de vœux. Des cartes qui semblent provenir d'un proche, ou d'une connaissance. Si vous ouvrez un tel e-mail et cliquez sur la carte, vous vous retrouverez souvent avec un logiciel malveillant, ou malware. Celui-ci sera installé sur votre système d'exploitation. Le malware peut être un programme ennuyeux qui lancera des pop-ups (voir 85 « Qu'est-ce qu'un maliciel et comment les éviter ? »). Il peut aussi permettre l'utilisation de votre machine pour des attaques contre d'autres, faites à votre insu (votre machine est alors dite « Zombifiée »).
   - La confiance des contacts « institutionnels », comme les impôts, votre banque, ou votre prestataire de sécurité. Si un email prétendument envoyé par l'un acteur de ce type vous enjoint de vous identifier ou de procéder à un paiement, passez plutôt par votre moteur de recherche et le site de ladite société.
2. Jouer sur l'appât du gain.
   - L'arnaque à la romance. Les sites et applications de rencontre, ou dating sont aujourd'hui très populaires. Les escrocs peuvent les utiliser pour vous piéger. Mais un simple email peut parfois suffire. Méfiez-vous des déclarations d'inconnu, surtout si vous ne les avez jamais vu, ni physiquement ni en vidéo. Ces arnaques peuvent aussi ouvrir sur des chantages.
   - L'arnaque Nigériane. (voir 88 « Qu'est-ce que l'arnaque nigériane ? »).
   - Tout aussi inédit, le : « Vous avez gagné à la loterie ! », « Vous êtes sélectionnez pour un job de rêve. », « Votre fidélité à telle

entreprise vous vaut de pouvoir acheter un objet au dixième de sa valeur » ou des propositions de voyage à prix sacrifié.

3. Jouer sur la peur.

   - Le scam du tueur. Un prétendu tueur annonce qu'il est chargé de vous abattre mais est prêt à vous oublier contre une forte somme. Effet garanti sur les paranoïaques.
   - Le scam du piratage. Un message vous annonce que vous avez été piraté et vous enjoint à vous connecter à un site pour estimer les dégâts.
   - « L'équipe de support Microsoft » vous propose des opérations de maintenance à distance, payantes.
   - La menace d'un trader pirate : une prétendue institution financière vous demande de transférer vos fonds.
   - Aussi employés : L'urgence médicale d'un vos proches, des dettes auprès des impôts ou de la compagnie de téléphone.

FAUT-IL CRAINDRE LES HACKERS ? 83

Chinois, Russes, Israéliens... qui sont réellement les hackers et d'abord que font-ils ? Au départ, le hacker est un petit génie de l'informatique qui pénètre dans un programme pour en changer les lignes de code pour ajouter par exemple des nouvelles fonctionnalités. Aujourd'hui, on connaît mieux le hacker qui utilise ses compétences informatiques pour déceler les failles de sécurité. On entend parler d'eux lorsqu'une attaque informatique de grande ampleur a eu lieu contre une multinationale ou un État ; ce sont les histoires du cybermilitant Julian Assange, des Anonymous et leur masque qui veillent sur la justice, ou encore de l'ancien employé de la CIA Edward Snowden... Tous sont des « hacktivistes » (contraction de hacker et activiste), avec une mission éthique pour l'humanité. Mais qu'en est-il des autres ?

On distingue généralement deux catégories de hackers : ceux au chapeau noir, les « black hat », réputés pour être des pirates malveillants, contrairement aux hackers « white hat » qui veulent faire le bien. À la manière d'anges gardien du Web, ces derniers, sans être forcément connus, sont censés se servir de leurs compétences pour lancer des alertes sur les failles des logiciels et systèmes, potentiellement exploitables par les pirates.

Évidemment, comme un hacking reste une effraction, tous ne jugent pas ce distinguo pertinent (il y a d'ailleurs aussi, entre les deux, les grey hat). Certains experts en sécurité se demandent ainsi si la frontière entre les deux catégories existe réellement. D'autant que les menaces informatiques sont vastes et la plupart des pirates ne sont des hackers ni « black hat » ni « white hat ». Ils sont juste des opportunistes tirant profit des compétences des autres (parfois au prix d'espèces sonnantes et trébuchantes).

Une chose est sûre, le hacking ne connaît jamais la crise. Entre 2016 et 2017, le nombre des faits de cybercriminalité a ainsi augmenté de 32 %, atteignant plus de 63500 cas sur cette dernière année, d'après un rapport remis au ministère de l'Intérieur. Et ce chiffre ne prend en compte que les faits portés à la connaissance de la gendarmerie.

Vols de données, espionnage industriel, sabotages volontaires ou consécutifs à des intrusions, rançongiciels, propagande, ingérences politiques... Tout le monde est touché par la cybermenace ; aussi bien les particuliers, les entreprises, que l'État.

Sur le net, les escroqueries font l'objet de 67 % des plaintes déposées en 2017. En tout, le rapport dénombre 320000 victimes sur l'année écoulée.

Dernière mode du hacker, celle sur les cryptomonnaies, ces nouveaux actifs qui permettent d'avoir son propre argent sans passer par les banques mais qui attire logiquement les attaques en tout genre (prise de contrôle des ordinateurs qui « minent » ces monnaies, hold up au bitcoin, etc.).

Les questions à se poser pour sa propre sécurité sont donc : Quelles sont les informations pouvant intéresser des personnes malveillantes ? Et : par quels moyens ces personnes espèrent les récupérer en général ?

Au-delà des données naturellement sensibles tels les mots de passe ou les numéros de carte de crédit, n'oubliez pas que votre machine, votre adresse, votre numéro de sécurité sociale ou votre liste de contact, peuvent aussi intéresser des personnes malveillantes. Ces dernières années, la France s'est placée dans le Top 10 des pays au monde les plus attaqué (9e en 2018 d'après Kaspersky Lab.)

On soulignera que de nombreux piratages ne sont pas le fait de vrais hackers, doués en informatique. En effet, ils sont souvent le fait de simples utilisateurs de logiciels de piratages (utilisables et utilisés parfois par des enfants d'où le nom péjoratif de « scripts kiddies »), ou tout simplement d'arnaqueurs doués pour créer la confiance (technique dite de social engineering : arnaque au président/au support technique, nigerian scam...).

Pour aller plus loin :

https://www.interieur.gouv.fr/ rapport État des menaces 2018.

« État de la menace liée au numérique en 2017 », DÉLÉGATION MINISTÉRIELLE AUX INDUSTRIES DE SÉCURITÉ ET À LA LUTTE CONTRE LES CYBERMENACES.

Dans notre lexique : le typosquatting.

QUI SONT LES CRIMINELS D'INTERNET ? 84

Les criminels sur Internet sont tout aussi divers et variés que ceux que vous croiseriez par malheur dans la rue. Si l'écrasante majorité s'intéresse naturellement à votre argent, sur le Web, nous pourrions aussi chercher à qualifier les « criminels de la pensée » : ceux qui publient de fausses informations, qui en suppriment par censure, qui les dupliquent par contrôle, ou encore ceux qui pratiquent la méchanceté gratuite et la haine pour écraser l'autre.

Tous les criminels de l'Internet ne sont pas déclarés comme tel. Doit-on considérer les faux sondages de la firme Cambridge Analytica sur Facebook comme un vol ? Que dire des politiques qui utilisent ces mêmes données pour tenter de manipuler les esprits et de récupérer leur vote ?

Cela étant dit, dans la partie détectable, il faut distinguer les cybercriminels qui maîtrisent l'informatique et les technologies, des criminels plus « traditionnels » qui ont appris à se servir du réseau pour leurs activités illicites.

Les premiers, même s'ils utilisent des comportements criminels classiques, sont apparus avec Internet. Chacun a son petit nom, entre anglicisme et néologisme :

- Les scamers sont des escrocs qui en veulent généralement à votre portefeuille (même si les chantages sexuels existent aussi). Ils utilisent souvent les ficelles classiques de l'ingénierie sociale. Les spécialistes de phishing sont de ceux-là (voir 16 « Comment repérer les principales arnaques ? »), les auteurs des « nigérian scams » aussi (voir 88 « Qu'est-ce que l'arnaque nigériane ? »).
- Les rançonneurs demandent le versement d'une somme d'argent contre l'arrêt de leurs attaques sur un site ou le décryptage de données dont ils se sont emparés. On parle alors de cyberextorsion.
- Les cyberterroristes utilisent le ressort de la peur : diffusion d'informations personnelles dans le but de nuire, mis hors service de sites pour intimider leurs auteurs, chantages, ou menaces d'attaques diffusées sur le réseau.

Avec eux, on retrouve bien sûr les criminels « classiques » ayant étendu leurs activités à la toile :

- Ceux qui utilisent des réseaux de jeux en ligne pour des opérations de blanchiment.
- Les trafiquants de drogue ou d'armes se servant du réseau pour écouler leur marchandise. Comme par exemple le site « Dream Market » sur le darknet, récemment saisi.
- Les prédateurs sexuels, se servant d'Internet pour entrer en contact avec leur proie.
- Les employés malhonnêtes ou revanchards modifiant ou effaçant indûment des données des entreprises pour lesquelles ils travaillent.
- Les espions : certaines sociétés se sont vues infectées par des petits programmes chargés d'envoyer vers les criminels les informations stockées sur les serveurs de ces sociétés. Le but est de s'approprier les technologies sensibles de la concurrence, ou ses informations commerciales les plus décisives.

Il faut enfin mentionner les États, qui n'appartiennent à aucune de ses catégories mais peuvent adopter un comportement criminel au sens du droit commun. Leurs moyens sont illimités et ils offrent un parapluie généreux aux pirates travaillant pour eux. Espionnage industriel et technologique, sabotage, campagne de propagande ou chantage : toutes les grandes puissances y participent sur le Réseau. Et les alliés s'y affrontent parfois aussi bien que les rivaux.

Au total, la cyber criminalité a couté 6,1 milliards d'euros à la France entre 2017 et 2018 et pour chaque acte criminel, nous passons un temps moyen de seize heures pour gérer ses conséquences (Norton, 2018).

Club de la sécurité de l'information francais. « The Dark Web ».

Pour aller plus loin :

« État de la menace liée au numérique en 2017 », Délégation ministérielle aux industries de sécurité et à la lutte contre les cybermenaces.

« Expression des Besoins et Identification des Objectifs de Sécurité » ANSII/ACE/BAC.

85 QU'EST-CE QU'UN MALICIEL ET COMMENT LES ÉVITER ?

Toutes les 39 secondes, une cyber attaque a lieu dans le Web mondial, selon une étude réalisée par l'Université du Maryland en 2017. En réalité, il faut s'amuser à aller regarder, en temps réel, les cybermenaces sur la planète. Kaspersky Lab met en ligne une carte très impressionnante représentant une mappemonde dynamique avec toutes les menaces détectées à l'instant t, dans une nuée d'échanges de données qui caractérise le Web d'aujourd'hui…

Dans ces approches, certes peu diplomatiques, et la grande famille des cyber-attaques, se trouve les maliciels, ou logiciels malveillants (malware en anglais). Ce sont des programmes informatiques développés dans le but de nuire à un système, sans le consentement de l'utilisateur dont l'ordinateur où le réseau est infecté. C'est une appellation chapeau qui englobe notamment les virus, les vers, les chevaux de Troie, et toutes leurs déclinaisons possibles. Le terme de virus lui est parfois confondu par généralisation. Les plus connus dont certains sont cités dans ce manuel : WannaCry, Storm Worm dans via un lien dans un email en 2006, sans oublier le célèbre « ILOVEYOU », en objet d'email portant un fichier attaché particulièrement doué à détruire vos fichiers personnels et votre système.

Pour finir de vous angoisser, Microsoft avait mesuré qu'un téléchargement sur quatorze à partir d'Internet contenait un code malveillant en 2011. Les programmes malveillants sont majoritairement développés par des auteurs professionnels, mais peuvent être ensuite partagés avec un large public de criminels du net. Comme pour les fruits et légumes, il existe en effet un marché du malware, notamment par des sites accessibles grâce au réseau Tor (voir 65 « Qu'est-ce que Tor et que peut-on y trouver ? »)

Dans les neuf premiers mois de 2017, l'entreprise PandaSecurity a recensé 14 972 010 nouveaux maliciels. Ce chiffre stratosphérique s'explique par le fait que les maliciels se modifient souvent après infection, dans le but de passer inaperçu.

Les méthodes employées pour les reconnaître et les combattre sont extrêmement nombreuses et variées, et beaucoup sont techniques.

En revanche, certaines mesures d'hygiène (déjà évoquées dans le chapitre «Mon Kit de Survie») permettent de minimiser les risques d'infection.

Mais pour une piqûre de rappel :

- Réfléchissez avant de cliquer sur les liens envoyés par des correspondants inconnus.
- Si l'on vous invite à vous connecter sur un site par le biais d'un lien, préférez plutôt accéder à ce site par votre barre d'adresse, ou votre moteur de recherche.
- Évitez de télécharger des applications à partir de sources non fiables.
- Faites sans attendre les mises à jour de votre système et des principales applications que vous utilisez.
- Utilisez des mots de passe forts.
- Installez un antivirus de bonne réputation sur votre ordinateur

Pour aller plus loin :

«État de la menace liée au numérique en 2017», Délégation ministérielle aux industries de sécurité et à la lutte contre les cybermenaces.

https://www.pandasecurity.com/mediacenter/malware/2017-figures/

https://www.kaspersky.fr/blog

86 QU'EST-CE QU'UN RANÇONGICIEL ET COMMENT S'EN PRÉMUNIR ?

Il est le cauchemar des entreprises. Le rançongiciel (ransomware en anglais) est un programme informatique malveillant qui bloque l'accès à l'ordinateur ou aux fichiers, souvent en les chiffrant. Le seul moyen de les débloquer est de payer une rançon pour pouvoir y accéder à nouveau. Jusqu'à encore récemment, 91 % des sociétés le craignaient comme le loup blanc (Barracuda Networks, 2017). Parmi les célèbres rançongiciel, le virus WannaCry, qui proviendrait de la Corée du Nord selon les sources américaines. En 2017, il infectait 300 000 ordinateurs dans 150 pays. À la clé, plusieurs milliers de dollars pour les maîtres chanteurs. SamSam, l'un de ses cousins aurait, lui, encore été plus chanceux avec près de 6 millions de dollars soutirés aux entreprises victimes qui préfèrent discrètement payer la note, plutôt que de faire des remous autour d'une de leur faille de sécurité...

Les victimes sont généralement infectées suite à l'ouverture d'une pièce jointe maligne, après avoir cliqué sur un lien malveillant reçus dans des courriels, ou parfois, simplement en naviguant sur des sites Internet compromis par les cybercriminels. Beaucoup de ces programmes exploitent des failles de sécurité mises à jour dans les logiciels, mais non encore corrigées par les victimes. C'est la spécialité de Wannacry qui s'attaquait aux systèmes d'exploitation anciens, tels Windows XP.

Il faut noter que rien ne garantit que le paiement de la rançon permette de retrouver ses fichiers. Si vous être une victime, prenez un moment pour réfléchir avant de verser le moindre argent : c'est rarement payé en retour. Cela peut même être une incitation à demander plus. Si vous tenez absolument à retrouver vos documents, faites au moins une recherche sur Internet sur le ransomware en question. Vous aurez peut-être accès aux expériences d'autres victimes.

Quelques bonnes pratiques à effectuer, en prévention :

- Appliquez de manière régulière et systématique les correctifs de sécurité du système d'exploitation (le plus souvent ce sont les mises à jour proposés par les logiciels de votre machine).
- Mettez à jour l'antivirus et configurez le pare-feu de votre ordinateur.

- N'ouvrez pas les courriels non sollicités ou suspects, ni les pièces jointes ou les liens provenant de chaînes de messages, d'expéditeurs inconnus, ou d'un expéditeur connu mais dont la structure du message est inhabituelle ou vide.
- En entreprise, ne téléchargez pas d'applications ou programmes qui n'ont pas été vérifiés par votre service informatique.
- Évitez les sites non sûrs ou illicites, tels ceux hébergeant des contrefaçons (musique, films, logiciels...) ou certains sites pornographiques qui peuvent injecter du code en cours de navigation.
- Faites des sauvegardes régulières de vos données et de votre système pour pouvoir le réinstaller dans son état d'origine au besoin.
- N'ouvrez pas vos courriels, et ne naviguez pas sur Internet depuis un compte ayant des droits « Administrateur ». Utilisez un compte ayant des droits « Utilisateur ».
- Lorsque vous ne vous servez plus de votre machine, éteignez-la.

Si vous êtes victime, quelques bons réflexes :

- Débranchez la machine d'Internet ou du réseau informatique.
- Déposez plainte auprès de la police ou de la gendarmerie de votre domicile ou en écrivant au procureur de la République dont vous dépendez. Faites-vous au besoin assister par un avocat.
- Vous pouvez aussi le signaler aux autorités responsables (voir 81 « Comment faire face au chantage digital ? »)
- Appliquez ou faites appliquer une méthode de Désinfection lorsqu'elle existe. Dans le cas contraire ou en cas de doute, effectuez ou faites effectuer une restauration complète de votre ordinateur : il faut reformater le poste et réinstaller un système sain ; puis restaurer les copies de sauvegarde des fichiers perdus, lorsqu'elles sont disponibles.

Enfin, voici la synthèse d'une fiche mise à disposition par les services de l'État sur les ransomware.

Pour aller plus loin : https://www.cybermalveillance.gouv.fr/nos-articles/les-rancongiciels-ou-ransomware/

87 COMMENT RECONNAÎTRE UNE ARNAQUE AU PRÉSIDENT ?

Il ne s'agit pas du président de la République pris en flagrant délit de mensonges, mais bien d'une technique de détournement d'argent dévastatrice pour les entreprises. Concrètement, vous êtes salarié(e) et votre poste vous donne accès aux moyens de virement de l'entreprise. Un jour, vous recevez le coup de fil d'un escroc se faisant passer pour le président de votre entreprise ou pour l'un de ses cadres haut placés. L'escroc explique avoir un besoin urgent d'un virement vers un compte étranger, et invite l'employé à le faire sans tarder. Parfaitement leurré par l'escroc professionnel, vous effectuez en toute confiance ces faux ordres de virements internationaux (FOVI).

L'arnaque aurait ainsi permis de détourner 485 millions d'euros en France en cinq ans auprès de 500 entreprises, d'après l'OCRGDF (Office central pour la répression de la grande délinquance financière) cité dans *Le Journal du Net*. Des sommes qui se vérifient aussi au niveau européen. Wil Gemert, le directeur exécutif adjoint des opérations d'Europol, évoque, lui, « chaque année des centaines de millions d'euros » extorqués aux entreprises.

Le succès de ce genre d'escroquerie tient au fait qu'ils ciblent en général des sociétés habituées à ce genre de transfert de fonds. Les principes de l'ingénierie sociale sont ensuite à l'œuvre : la promesse d'être dans la confidence d'un responsable haut placé, et la crainte de lui déplaire, sont des motifs puissants pour convaincre les employés de s'exécuter.

Comment reconnaître les signes d'une attaque ?

- Une demande de virement international, imprévue et urgente. L'interlocuteur insiste souvent sur son caractère confidentiel. Il faut alors contacter son interlocuteur habituel avec les coordonnées connues de la société.
- Des changements de numéros de téléphone ou d'adresses mail peuvent mettre la puce à l'oreille.
- Une abondance de détails sur l'entreprise est souvent utilisée par les escrocs pour endormir la méfiance de leurs victimes. Ils sont très bien renseignés, jusqu'aux éléments de langage des dirigeants des entreprises qu'ils ciblent.

- Attention aux flatteries et menaces, elles dénotent une fébrilité à faire admettre la transaction.

Quelques conseils pour se protéger :

- Divulguer le moins possible d'information sur le fonctionnement et l'organigramme interne de l'entreprise.
- Parler de ce type d'escroquerie avec ses collègues. Elles fonctionnent grâce au principe du vase clos.
- Instaurer des procédures de vérifications et de signatures multiples pour les paiements internationaux.
- Utilisez les coordonnées habituelles du donneur d'ordre pour confirmation, voire tenter de lui parler.
- Être particulièrement prudent en période de sous-effectif (type vacances ou fin d'année).

En cas de fraude, tâcher d'obtenir le remboursement de la transaction par votre banque, et porter plainte sans délai.

Enfin, attention aux variantes des FOVI, par exemple : le changement de RIB de la part d'un prétendu fournisseur, la mise en conformité au protocole SEPA de la part de soi-disant informaticiens, l'escroquerie à la banque où ce sont les organismes de crédit eux-mêmes qui sont floués par des criminels se faisant passer pour leurs clients.

Pour aller plus loin :

https://www.cert.ssi.gouv.fr/actualite/CERTFR-2016-ACT-004/

https://www.occrp.org/en/daily/8163-europol-leaders-of-ceo-fraud-arrested

https://www.fbi.gov/news/stories/business-e-mail-compromise/business-e-mail-compromise

https://www.police-nationale.interieur.gouv.fr/Actualites/Dossiers/Cybercrime/L-arnaque-au-president-ou-escroquerie-aux-faux-ordres-de-virement-FOVI

QU'EST-CE QUE L'ARNAQUE NIGÉRIANE ? 88

La plupart ont moins de trente ans, mais ils se font passer pour des ingénieurs danois à la retraite, des veufs américains, des professionnels... bref pour des personnes a priori n'ayant aucun besoin financier. Et puis soudainement, tout bascule. L'arnaque nigériane se révèle et, derrière, un jeune garçon d'Afrique ou d'ailleurs, recevant des milliers de dollars ou d'euros de virements internationaux de la part de leur victime.

Au sein des escrocs du net, si les récits n'étaient pas aussi graves, on pourrait s'amuser de voir se perpétrer une arnaque vieille de cent ans. Avec sa logique de « payer un peu pour recevoir beaucoup », elle serait née dans les années 1920 faisant d'elle la plus vieille arnaque du net.

Bien avant qu'Internet n'existe, des escrocs d'Afrique de l'Ouest envoyaient des courriers aux promesses mirobolantes. Aujourd'hui, ils seraient 5 millions de jeunes, les Yahoo Boys (au début leur site de prédilection pour leur arnaque), basés à Lagos, la capitale du Nigéria, à tenter ce genre de larcin, selon le *Guardian*. Là-bas, c'est même un art de vivre, repris dans une chanson de rap, comme le raconte le magazine *Wired*.

La recette a peu changé et le principe est simple : une personne affirme posséder une importante somme d'argent et se trouver personnellement dans une situation d'urgence. Elle sollicite de l'aide pour transférer des fonds depuis son pays d'origine... en échange d'un pourcentage pour son sauveur. Entre 2013 et 2016, pour les entreprises, ces emails compromis auraient coûté pas moins de 5,3 milliards de dollars d'après le FBI cité par *Wired*.

Ce dernier se voit progressivement demandé de payer de sa poche des frais divers : notaires, entreprises de sécurité, pots-de-vin. Sa commission à lui n'est bien sûr jamais versée.

Bien connue aujourd'hui, elle se réinvente sans cesse (la version de 1920 impliquait des formules magiques). D'où sa capacité à nuire sans cesse renouvelée.

Dans cette peu glorieuse descendance on compte :

- La victoire à un tirage au sort.
- L'offre d'emploi, ou la victime est censée payer des frais divers (permis ou voyage).
- Le chèque suivi d'une demande de remboursement. Un chèque est envoyé à la victime sous des prétextes fallacieux (location avortée, offre d'emploi avec avance...). L'escroc crie ensuite à une méprise et demande le remboursement du montant de ce chèque. Bien sûr le chèque est en bois, mais le délai de traitement par les banques permet de jeter le doute.
- L'arnaque à l'amour ; après la séduction et les sentiments, des frais imprévus... Une des plus coûteuse. Cas exceptionnel, une Américaine victime d'un Yahoo Boys se présentant comme « un ingénieur américain », soutirant plusieurs milliers de dollars, avait tissé de tels liens avec lui qu'elle décida de payer les études du jeune nigérian de 24 ans.
- L'affaire du siècle : la victime se voit demander une somme modique, ou juste les frais de port, pour acquérir un bien soldé. Qui n'arrive évidemment jamais.
- L'œuvre d'art pas à vendre : un arnaqueur vend en exclusivité et sur Internet, une œuvre qu'il ne possède pas.
- L'expert en crédit : un soi-disant professionnel de la finance se fait fort de débloquer des crédits pour les gens surendettés. Contre de modestes émoluments.

Cette fraude est aussi baptisée fraude 4-1-9 du nom de l'article du code nigérian sanctionnant ce genre de fraude.

Il est à noter qu'elle n'est plus exclusivement pratiquée par les Nigérians, pour qui elle a fait la fortune de certains groupes criminels, mais peut aussi trouver ses origines ailleurs, notamment en France.

Pour aller plus loin : Stephen Ellis, *This Present Darkness : A History of Nigerian Organized Crime.*

SEXTORTION, LES MAÎTRES CHANTEURS D'INTERNET ? 89

Avec le développement du sexting (un message à caractère sexuel), des selfies entre ados, et l'omniprésence des webcams, le chantage sexuel s'est multiplié sur Internet. Il consiste à demander de l'argent ou des faveurs sexuelles contre la promesse de ne pas diffuser des images compromettantes. Il existe même des spécialistes du domaine, souvent basés au Nigeria ou en Europe de l'Est. Mais tous les maîtres chanteurs ne sont pas des professionnels. Le risque provient presque tout autant de vos correspondants de confiance qui peuvent vous nuire en diffusant vos photos à d'autres, même sans malice.

En France, il y aurait en moyenne 1 200 cas de sextorsion par an, selon l'Office central de lutte contre la criminalité liée aux technologies de l'information et de la communication (OCLCTIC) cité par le *JDD*.

Les questions à se poser pour éviter de se faire piéger par les artistes du domaine qui promettent le grand amour à leurs victimes :

Mon correspondant a-t-il un numéro de téléphone qui me permettre de le/la joindre ? Puis-je entendre sa voix ? Est-il possible d'avoir une conversation vidéo ? Si non, si la webcam du correspondant est toujours en panne, il y a tout lieu de supposer une arnaque. Un refus bien sûr aux demandes de coordonnées bancaires comme de vidéos dénudées.

« *Il était en train d'étouffer un chat et il m'a dit que si je ne faisais pas ce qu'il disait, il le tuerait* », raconte une Américaine de 17 ans sur CNN. Bien sûr, après avoir montré ce qu'il voulait (sa poitrine), le harceleur la menaça de publier la photo si elle n'en montrait pas beaucoup plus… et ainsi de suite. Le chantage est enclenché.

Car une fois que l'on est pris, comme le raconte un quadragénaire français victime via un site de dating, on craint « la réaction des proches et des relations professionnelles » lorsqu'ils recevront le lien des images de soi s'exécutant à une demande à caractère sexuel.

Dans un cas de sexortion, est-il possible d'éviter ce genre d'escalade ? Commencez par vous prévenir du risque :

– Ne pas afficher trop de détails sur les médias sociaux. En effet, plus de la moitié des victimes de sextorsion ont indiqué connaître la personne qui les harcelait, selon une étude réalisée par l'Université du New Hampshire en 2016 aux États-Unis. Les jeunes, addicts au partage sur les réseaux sociaux, sont donc des cibles de premier choix.

- Évitez de prendre des photos compromettantes ou embarrassantes et de les enregistrer dans un service d'archivage ou de stockage en ligne, car elles peuvent être piratées par des cybercriminels.
- Sécurisez les appareils, les comptes et les ordinateurs avec des mots de passe forts et des logiciels de sécurité.
- Signalez tous les cas d'extorsion numérique aux autorités compétentes. Refuser de coopérer avec les demandes de l'extorqueur.
- Recherchez l'aide du personnel des réseaux sociaux pour les campagnes de harcèlement et de diffamation.

Au Canada en 2017, une campagne de prévention sur Internet invitait les jeunes à envoyer une photo d'un rat-taupe nu au physique particulièrement évocateur et dissuasif, à ceux ou celles qui leur demanderait une photo par sur leur messageries.

Pour aller plus loin :

https://www.helpnetsecurity.com/2018/01/30/digital-extortion/

https://www.trendmicro.com/vinfo/us/security/news/cybercrime-and-digital-threats/security-101-digital-extortion

90 COMMENT REPÉRER LES PRÉDATEURS SEXUELS EN LIGNE ?

Si sur Internet le sexe est une véritable industrie avec 35 % de contenus pornographiques téléchargés sur le total des contenus (Uplust, 2015), il ne parvient toutefois pas à empêcher un autre phénomène ; celui des prédateurs sexuels. Pour ces criminels, le net est un véritable territoire de chasse. Ils ont même leur propre lexique pour décrire leurs actes : le grooming, soit une technique utilisée par des adultes qui se cachent derrière des pseudos pour prendre contact avec des plus jeunes ou des enfants sur les réseaux qu'ils fréquentent. Leur objectif est d'amadouer leur cible pour obtenir des photos, des vidéos, ou une rencontre dans le monde physique.

Avant d'atteindre leur but, voici les techniques qu'ils utilisent :

1. Les prédateurs ont du charme. Ils savent engager la conversation sur les chats ou sur les réseaux sociaux.
2. Ils cherchent à avoir des conversations privées, dans des médias ou ils ne peuvent être lus que par leur proie potentielle. Un service de messagerie, WhatsApp ou une boîte mail font très bien l'affaire. Ils ne s'exposent normalement pas en laissant des commentaires visibles. Ces traces pourraient être utilisées par la police.
3. Ils demandent des informations personnelles. Le nom, la date d'anniversaire, l'adresse, ou celle de l'école.
4. Ils peuvent laisser paraître qu'ils en savent plus sur leur interlocuteur que celui ou celle-ci ne leur en a appris.
5. Ils posent énormément de questions.
6. Les prédateurs en ligne sont toujours d'accord avec leur victime présumée et cherchent souvent à la flatter.
7. Ils sont souvent insistants dans leurs messages.
8. Ils se renseignent énormément sur Internet sur leur correspondant, voire sur sa famille.
9. Les prédateurs en ligne cherchent souvent à établir un lien émotionnel et à montrer de l'empathie. « Qu'est-ce qui ne va pas ? ».

10. Ils en viennent fréquemment à critiquer les relations de leur proie.

11. Ils se contredisent parfois dans leur histoire, sur leur âge ou leur activité.

12. Tout inconnu offrant des cadeaux ou de l'argent est suspect.

13. Les prédateurs utilisent souvent de fausses photos. Une recherche par Google Images peut être utile pour déterminer si la photo est associée à une autre personne.

14. Ils finissent souvent par avoir des conversations sur le sexe, ou sur des vues radicales ou violentes.

15. Ils poussent au mensonge et à la dissimulation. En particulier par rapport aux parents.

Enfin, les prédateurs une fois installés dans leur jeu, peuvent faire usage de menace, de chantage ou intimider leur victime, si celle-ci refuse de faire leurs quatre volontés.

Si vous craignez que votre enfant soit ciblé par un prédateur en ligne, soyez aux aguets des changements dans son comportement. Est-il secret sur ses activités en ligne ? A-t-il une consommation en forte hausse dans son usage d'Internet ? Cache-t-il l'écran lorsqu'un adulte entre dans la pièce ? Reçoit-il des appels ou des textes de quelqu'un que vous ne connaissez pas ? Télécharge-t-il de la pornographie ?

Il est en général conseillé d'écouter son instinct en la matière.

Si vous pensez que votre enfant peut être la cible d'un déviant, étudier l'historique de ses connexions et de ses activités en ligne. Et parlez-lui pour tâcher de savoir si vos soupçons sont fondés.

Pour les criminels, lorsqu'ils sont repérés, les sanctions sont lourdes. En 2018, un Belge de 25 ans qui chassait sur Tinder et Facebook a été condamné à sept ans de prison ferme pour, huit ans pour un consommateur de films pédo-pornographiques aux États-Unis, ou encore plus de 37 ans de prison pour un Texan qui produisait ce genre de films.

Pour aller plus loin :

https://www.wikihow.com/Recognize-an-Online-Predator

QUE FAIRE FACE AU REVENGE PORN ? 91

Il voulait se venger de son ex-petite amie en envoyant des photos d'elle, nue, aux amis de celle-ci sur WhatsApp. Mais ce policier américain de 46 ans aura pour seul gain d'être démis de ses fonctions, dans l'attente de son jugement devant un juge. En France, les conséquences de tels actes sont similaires. Au pénal, les peines sur des affaires de « vengeance pornographique » peuvent aller jusqu'à deux ans d'emprisonnement et à 60 000 euros d'amende.

On est victime de revenge porn lorsque des images ou des textes intimes d'une personne ont été postées en ligne ou envoyées par messageries sans son approbation par un(e) ex petit(e) ami(e). Ces pratiques interviennent généralement dans le cadre d'une rupture dans une volonté de chantage ou de nuisance. La tendance toucherait 4 % des Américains de 15 ans et plus (Data & Society Research Institute and the Center for Innovative Public Health Research, 2016). En somme, à l'échelle du monde, des millions des gens ont déjà fait les frais de ce genre de pratiques.

Aujourd'hui le « revenge porn » peut-être inclus plus largement dans le cadre de la pornographie non consensuelle. Pour tenter de les prévenir, on peut rappeler que l'on n'est plus maître des images postées et même, plus largement, diffusée sous forme électronique à des tiers. Même les sites comme *Snapchat*, qui promettent de ne pas conserver les vidéos postées par leurs utilisateurs, ne peuvent rien contre les captures d'écran.

Par ailleurs, le partage de clichés intimes doit être considéré avec prudence. Toute relation peut changer, et même une personne honnête peut être volée ou voir sa confiance abusée par un tiers, qui mettra lui les images en ligne. Hésitez avant d'appuyer le bouton envoi, car après, c'est trop tard.

Si vous, ou un proche, êtes victime, quelques conseils émis par des associations d'aide (Féministes contre le cyberharcèlement en France, l'Association Contre les Violences Scolaires et Extra-scolaires, CYBHAR'SO), souvent anciennes victimes elles-mêmes, pourront vous être utiles :

- Respirez, et essayez de ne pas paniquer. Rappelez-vous que c'est arrivé à des millions de gens, et qu'ils ont survécu.

- Les témoignages d'autres victimes peuvent vous en apprendre beaucoup sur la marche à suivre, et vous aider à reprendre le contrôle. Elles peuvent aussi vous permettre de déculpabiliser et vous soutenir moralement.
- Conservez toutes les preuves possibles. Prenez des captures d'écran de ce que vous voyez en ligne.
- Dénoncez ces photos ou vidéos comme volées auprès des hébergeurs. Facebook ou Instagram ne font pas de difficultés, fournissez leurs juste l'URL (ou adresse Web). À noter que c'est d'ailleurs peut-être la technologie qui viendra à notre secours. Facebook améliore sans cesse son outil de reconnaissance des images pour détecter du revenge porn à l'aide d'une intelligence artificielle. Google et Microsoft permettent, eux, de référencer des contenus en remplissant un formulaire.

Si vous êtes face à des sites réticents, vous pouvez utiliser le droit à l'image pour vous faire entendre. Qui a pris ces clichés ?

Si vous êtes jeune, n'oubliez pas non plus de les informer que vous av(i)ez moins de 18 ans lorsque ces images ont été prises, et qu'ils pourraient être poursuivi pour diffusion de contenu pédo-pornographique. Cela les fera réfléchir.

Si vous pensez avoir besoin d'un avocat, là encore, rapprochez-vous des associations, elles pourront vous conseiller. Mais aussi l'annoncer à ses proches. C'est souvent la plus grande peur, aussi leur dire par avance que vous avez été victime peut atténuer le choc. Préparer les gens autour de soi et une bonne méthode pour susciter des attitudes compréhensives.

En France, la loi n° 2016-1321 du 7 octobre 2016 pour une République numérique donne un Cadre légal pour que les victimes puissent avoir justice (Code civil article 226, sections 1 et 2). Étudiez vos options avant de déterminer si vous souhaitez porter plainte.

Pour aller plus loin :

https://www.legifrance.gouv.fr

https://www.cybercivilrights.org/welcome/

https://fondationdesfemmes.org/le-delit-de-revenge-porn-adopte-dans-le-code-penal/

COMMENT ÉVITER DE NOURRIR LES TROLLS SUR INTERNET ? 92

«*Ne rien faire et laisser dire*» (Alphonse Allais) et sans doute le meilleur conseil à suivre lorsque l'on croise la route d'un troll sur Internet. Comment des internautes qui laissent des commentaires gratuitement désobligeants ou haineux ont-ils gagné le droit de former la tribu des «trolls» ou des «haters» ? Peut-être parce que, justement, dans le trop plein d'informations et de sens que nous recevons sur Internet, ils sont la part du «rien» ; une sorte de nihilisme cathartique pour rééquilibrer le tout…

Au quotidien, le troll ne se nourrit que de deux éléments du Web : des conflits et de l'attention qu'ils suscitent. Les trolls aiment le tout ou le rien. Ils ne font jamais dans la dentelle ; leurs répliques de prédilection se trouvent aussi parfois dans le racisme, l'homophobie, la fascination pour le nazisme, etc. Vous êtes prévenu : «Don't feed the troll» (ne nourrissez pas le troll).

Aussi, il importe de faire le distinguo entre le troll d'une part et la simple divergence d'opinions de l'autre. Même si celle-ci peut se manifester de manière violente, exagérément critique, voire vulgaire. Les trolls, eux, ne croient pas un mot de ce qu'ils écrivent. En revanche, ils savent les choisir avec doigté pour vous faire sortir de vos gonds.

Comment les reconnaître ? D'abord, sachez qu'une distance froide, polie, légèrement ironique les désarçonne en général.

- Ensuite, tentez de cerner s'il y a un but dans le commentaire laissé. Y a-t-il réclamation légitime ? Ou une raison décelable derrière la colère ?
- Le commentaire est-il là pourboire avancer les débats ou juste pour manifester un fort ego ?
- L'auteur des messages cherche-t-il à provoquer une réponse purement émotionnelle ?
- Ils aiment les attaquent personnelles, et cherchent fréquemment à déplacer la discussion sur ce terrain-là.

Comment y faire face ?

- Prenez du recul, qu'est-ce qu'une goutte dans un océan…
- Faites la part des choses. Une provocation n'est pas un jugement, donc ne le prenez surtout pas de manière personnelle.
- L'ignorer ou effacer ses messages peut le pousser à revenir régulièrement sur l'espace de discussion. Mais moins de texte vous répondrez, mieux ce sera.
- Utilisez un langage simple et non émotionnel. Ces messages sont traités comme d'autres, ni plus ni moins.
- Restez poli, et mettez calmement les limites : « *Je crains hélas que ce langage ne soit pas approprié à notre paisible agora, et ma mère, bénie soit-elle, est totalement en dehors du champ de la conversation présente.* »
- Dans le cas d'un discours haineux et menaçant, surtout s'il se répète, envisagez de le bannir. Sur la plupart des réseaux sociaux ou médias, vous pouvez d'ailleurs « signaler » les commentaires. Certains peuvent même entrer sous le coup d'une procédure pour injure, discrimination ou incitation à la haine raciale.

Là encore, la technologie finira sans doute par venir à bout des trolls. Si l'on traçait la provenance des commentaires haineux, comme le propose la blockchain, on pourrait alors supprimer automatiquement leurs commentaires. Une suppression qu'une communauté d'humains viendrait valider, pour ne pas mettre en péril la liberté d'expression.

Pour aller plus loin :

https://www.psychologytoday.com/us/blog/the-couch/201702/6-smarter-ways-deal-bully

https://blog.hootsuite.com/fr/comment-gerer-les-trolls-sur-les-medias-sociaux/

https://www.linkedin.com/pulse/conseils-pour-g%C3%A9rer-les-trolls-dans-m%C3%A9dias-sociaux-sophie-mass%C3%A9

COMMENT IDENTIFIER DE LA PROPAGANDE SUR LE WEB ? 93

Rumeurs, désinformation, manipulation, saturation de l'espace médiatique... Bienvenue dans le monde merveilleux de la propagande sur Internet ! Si elles peuvent entrer dans la grande famille des outils d'influence, les Fake news ne sont toutefois pas de la propagande. Car celle-ci est plus subtile que les affabulations ou les calomnies colportées par les fausses informations. Elle se définit comme une propagation systématique d'informations ou d'idées par une partie intéressée, d'une manière tendancieuse, de manière à encourager une réponse particulière. Sa mauvaise réputation vient principalement d'un certain Joseph Goebbels et de son poste au sein du gouvernement national-socialiste allemand en 1933 : « ministre du Reich à l'Éducation du peuple et à la Propagande ».

À bien des égards, l'écrasante majorité de l'information disponible sur Internet peut s'apparenter à de la propagande. Votre CV sur LinkedIn ? Il donne une image orientée de vous-même. Votre page Facebook ? Qui est réellement honnête et exhaustif quand il parle de sa vie ? Cela vaut bien sûr pour les discours et articles politiques, les publicités, ou les avis, revues, blogs...

En général, on considère que la propagande se signale plus particulièrement par la présence d'un message négatif dirigé contre un autre point de vue.

Comment reconnaître qu'un texte ou message est exagérément partial et s'apparente à de la propagande ? D'autant que comme le dit l'écrivain Jean Giraudoux, « La propagande est le contraire de l'artillerie : plus elle est lourde, moins elle porte. » Sur Internet, il s'agit donc de distiller avec subtilités ; de ménager la chèvre et le choux, le négatif et le positif.

Pour la déceler, on peut néanmoins livrer quelques méthodes qui impose une opinion à une masse ciblée :

- Quel est le champ lexical choisi par l'émetteur ? L'usage répété de mots est en effet révélateur : solidarité, populaire, ordre, générosité...
- La confusion des genres : se poser en victime pour attaquer, parler d'éthique pour justifier un profit, ou de profit

pour justifier une opération humanitaire. Pour aller plus loin, la sémiologie est une discipline contemporaine qui permet de décrypter les mots, les gestes et les signes linguistiques émis verbalement ou non. Elle est particulièrement utile pour désamorcer le mensonge (et la propagande) en politique. Les séquences des dernières affaires les plus retentissantes (Jérôme Cahuzac, Dominique Strauss-Kahn…) sont d'ailleurs devenues des cas d'école.

- Comment l'émetteur justifie-t-il son propos ? Une promotion de chiffres et de statistiques présentés sous un angle partial est un levier courant.

Lorsque l'émetteur cherche à s'opposer aux faits :

- Il cherche à simplifier les arguments adverses.
- Il fait un usage récurrent de mots négatifs (égoïsme, froideur, mépris…).
- Il manque de citations claires et circonstanciées.
- Il a une vision messianique, dans la position de l'homme providentiel auto-centré. Le monde devient aussi binaire, manichéen.

Par ailleurs, utilisez les outils habituels de vérification de l'information sur Internet (voir 51 « Comment connaître la fiabilité d'un site Internet ? ») :

- Recherchez les auteurs, les institutions mentionnées, diversifiez vos sources d'information, notamment en vous tournant vers les médias étrangers.
- Vous pouvez juger du sérieux de la plateforme, est-elle généralement fiable ? La mise en page du texte, et sa ponctuation font-ils preuves d'une émotion excessive (points d'exclamation ! caractères gras…) ?
- Faites le point avant de renvoyer (ou « forwarder ») une information à vos contacts. Il n'est pas rare de devenir soi-même un maillon d'une chaîne de propagande.

Pour aller plus loin : http://guides.library.jhu.edu/c.php?g=202581&p=1334961 (John Hopkins University)

94 COMMENT SE PORTE LA THÉORIE DU COMPLOT SUR INTERNET ?

Peut-être que ce Manuel de survie digitale n'a pas été écrit, comme nous le prétendons, dans le but de vous libérez de la peur de l'Internet ou de vous rendre plus sachant ? Peut-être aussi qu'il n'a pas été écrit par des humains, mais par des reptiliens manipulateurs ? Mais alors dans quel but ? Celui de vous convertir au nouvel ordre mondial bien sûr, et ce dans un but d'asservissement total.

Peut-être aussi faites-vous partie de ces Français qui pensent que les tours du Wall Trade Center à New York n'ont pas été – uniquement – détruites par les avions des terroristes en 2001. Que le monde de la finance est contrôlé par un pouvoir judéo-maçonnico-illuminati invisible ? Ou que Coluche, trop rebelle, a été assassiné ? Sans oublier la théorie du grand remplacement de la population par les immigrés, le mensonge sur la véritable forme de la Terre... plate et non ronde.

Avouons-le, nous avons déjà tous été tenté de remettre les croyances admises, dans la balance du jugement rationnel. Vous ne seriez pas le seul : près de 8 Français sur 10 croient au moins à une théorie du complot (Ifop/Fondation Jean Jaurès/Conspiracy Watch, décembre 2017). Ainsi, 54 % pensent que la CIA est impliquée dans l'assassinat de Kennedy et 16 % pensent que les Américains ne sont jamais allés sur la Lune.

Par essence, la théorie du complot, à laquelle adhère des flopées de « conspirationnistes » ou « complotistes », remet en cause tout événement ou fait, fomenté en réalité par une caste secrète dominante. De fait, son objectif serait de garder le pouvoir sur une masse ignorante.

Grâce à Internet et à l'immense caisse de résonance des réseaux sociaux, ces théories ont encore de beaux jours devant elles. Deux à trois étincelles du doute allumées ici et là, et c'est la traînée de poudre... jusqu'au processus dit « d'objectivation » qui rend concret et crédible ce qui n'était alors qu'une pensée abstraite, résume Wikipédia. Sur le net, une seule loi semble alors régner : plus le mensonge est gros, plus il marche et se partage.

Mais à cause des interférences qu'elles peuvent créer dans l'espace médiatique disponible et parce qu'il y a un fond de vérité dans tout mensonge (même très lointain), les théories du complot ont toujours été la bête noire des gouvernements. Porte-parole de théories diverses et contestées, l'humoriste Dieudonné (277 000 abonnés sur sa chaîne YouTube à date) joue d'ailleurs de cette chasse à l'homme que lui livre régulièrement la classe politique française depuis quelques années. À tel point qu'en 2016, le gouvernement de Manuel Valls répliquait en faisant appel aux services de Kevin Razy (291 500 abonnés), un autre humoriste chargé de déconstruire le complotisme sur YouTube. En ligne, c'est aussi la campagne du gouvernement « On te manipule.fr » pour mettre en garde les esprits naïfs. Ou encore la chaîne publique France Télévisions qui a créé une série de vidéos pour comprendre le phénomène.

Si aucun des deux camps ne vous séduit, pour détecter les théories un peu trop fumeuses, vous pouvez visiter les sites francophones Hoaxbuster, Hoaxkiller, DebunkersdeHoax, Secuser...

Enfin, pour ce qui est de la mission véritable de ce manuel de survie, nous ne voyons qu'un seul conseil à prodiguer : vous laissez libres d'exercer vos esprits critique et de contradiction. Ils seront toujours vos meilleurs alliés, et ce, dans toutes les situations qui se présenteront à vous sur Internet, comme dans la vie.

95 COMMENT PROTÉGER MA VIE PRIVÉE DES DATA BROKERS ?

Le numérique a fait naître de nouveaux métiers. Parmi eux, celui de data broker, qui œuvre à la manière d'un courtier sur un marché, lorsqu'il revend et achète des produits. Sauf qu'ici, il s'agit de vos données personnelles qui sont d'abord collectées, puis analysées et donc enrichies, pour être finalement revendues à une entreprise ou une personne. Sauf qu'à l'heure actuelle, ce marchandage est souvent opéré d'une manière particulièrement opaque.

Ils ont été mis sur le devant la scène à la suite du scandale Facebook/Cambridge Analytica, un data broker qui a collecté des données personnelles sur des dizaines de millions de gens et les «friends» des répondants. Le tout bien sûr à leur insu. Mais il est loin d'être le seul sur le marché. Pour d'autres, il s'agit par exemple de prendre des données sur les personnes indiquées comme «célibataires» sur Facebook, de les recroiser avec des données de localisation de Google, puis des listes d'achats… et le data broker les revend «enrichies» à une autre organisation. Le data broker pioche aussi bien dans les dossiers publics que les sources privées.

Les plus gros scandales de ces dernières années concernent des ciblages d'utilisateurs à des fins politiques, pour convertir l'électeur du bon bulletin de vote, juste avant une élection.

Au vu de la manne, on estime le chiffre d'affaires de la revente de données à 187 milliards de dollars à l'horizon 2019, soit plus de 50 % par rapport à 2015 (IDC, 2016, Atelier BNP Paribas). Certains courtiers sont même spécialisés en données d'assurance, d'immobilier ou de crédit par exemple.

Vous devez donc considérer que ces data brokers sont un consommateur incontournable de toutes vos publications Internet. Et tenter de circonscrire la menace en limitant les fuites.

Si Facebook a annoncé cesser toutes ses collaborations avec ces data brokers, les réseaux sociaux constituent toutefois la principale source de fuite de données personnelles. C'est donc toujours une bonne idée de vous assurer que toutes les informations partagées se situent dans les limites de la confidentialité que vous souhaitez. Notamment en regard à votre vie professionnelle. Ces questions sont abordées plus en détail dans le chapitre « Mon kit de survie ».

Pour rappel, il est toujours souhaitable de privilégier les publications entièrement assumées, et dûment considérées au préalable de leur diffusion. De faire le distinguo entre ses « friends » sur Facebook, et de régler ses « privacy settings » en conséquence. À bien des égards vous êtes un des maillons d'une chaîne digitale de contacts et amis. Soyez compromis et vous la mettez en danger dans son ensemble.

Pour aller plus loin : Rapport CNIL (Commission informatique et liberté), 2017.

96 QUELLES PRÉCAUTIONS PRENDRE EN VOYAGE AVEC SES SUPPORTS NUMÉRIQUES ?

Il est rare aujourd'hui que l'on parte en voyage sans ses supports connectés, ordinateurs, tablettes ou smartphones. Ce sont donc des giga-octets de données et des centaines d'euros de matériel qui voyagent avec nous dans des environnements dont nous ignorons souvent tout. Parmi les informations stockées sur ces supports, certaines peuvent présenter une sensibilité importante, tant pour nous-mêmes que pour notre entreprise, ou nos relations.

Contacts professionnels, coordonnés bancaires, présentations Power Point, carte SIM, documentation confidentielle : tout cela peut intéresser des prédateurs potentiels, au même titre que vos appareils. À tel point que 65 % des voyageurs d'affaires se disent inquiets au sujet de la sécurité des données lors de leurs déplacements (Carlson Wagonlit Travel, 2018).

Les questions à se poser sont donc : que dois-je protéger ? Et de qui ?

On a tendance à l'oublier, mais aujourd'hui les contrôles aux frontières de plusieurs pays, peuvent demander à accéder à vos appareils électroniques. Ils sont considérés comme des marchandises. Ils peuvent aussi vous demander les mots de passe de vos comptes Facebook, Twitter, Instagram, LinkedIn... Refuser risque de vous coûter l'entrée. Les États-Unis planchent même sur un très controversé contrôle des réseaux sociaux et informations financières de toute personne désireuse d'entrer sur le territoire américain.

La troisième question à se poser est, bien sûr, celle du type de menace, et de son remède. Vol physique ? Vol de données ? Transmission de virus ? Mouchard de localisation ?

Il vous faut rester vigilant malgré le changement d'environnement et la perte de repères qu'il peut provoquer. Sachez que les cybercafés, les hôtels, les lieux publics et les bureaux de passage n'offrent aucune garantie de confidentialité. Dans de nombreux pays étrangers, quels que soit leurs régimes politiques, les centres d'affaires et les Réseaux téléphoniques sont surveillés. Dans certains pays, les chambres d'hôtel peuvent être fouillées à votre insu.

Sauvegardez toujours les données que vous emportez et laissez la sauvegarde en lieu sûr. Vous récupérerez ainsi vos informations à votre retour en cas de perte, de vol ou de saisie de vos équipements.

Utilisez un filtre de protection écran pour votre ordinateur. Cela vous permettra de travailler pendant vos trajets sans que des curieux puissent lire ou photographier vos documents par-dessus votre épaule.

Gardez vos appareils mobiles constamment avec vous, ne laissez rien en soute et sur les tapis qui peuvent être visités. Prenez-les en cabine lors de votre voyage. S'ils contiennent des informations sensibles, ne les laissez jamais dans la chambre d'hôtel au moins si vous ne disposez pas d'un coffre.

Une autre précaution possible est de n'emporter que des supports numériques dont les informations ont été encryptées. Voire de n'emporter que des appareils, téléphone et ordinateur, spécifiquement destinés au voyage, et vides de données.

Enfin, n'utilisez que les clés USB provenant de gens dont vous êtes sûrs, celles-ci peuvent être infectés. Ne connectez pas vos équipements à des postes ou des périphériques informatiques qui ne sont pas de confiance. Changez tous les mots de passe que vous avez utilisé pendant votre voyage. Ils peuvent avoir été interceptés à votre insu.

Pour aller plus loin : « Passeport de conseils au voyageur » ANSII.

97 COMMENT SE PRÉMUNIR DES AVALANCHES DE MAILS ?

C'est le retour des congés, d'une absence d'à peine 48 heures... et vous trouvez des centaines de mails non lus dans votre boîte avec une forte envie de soupirer à la lecture de leurs intitulés ? Vous n'êtes pas seul. Chaque jour, ça serait 269 milliards d'emails qui seraient envoyés, en extrapolant les chiffres (étude Radicati Group, 2017). Résultat, l'arrivée des emails dans notre vie nous a tous transformé en Gaston Lagaffe : le personnage de Franquin, employé au journal « Spirou » et qui gérait les montagnes de courrier en retard en laissant les piles glisser tranquillement... vers la corbeille. Que celui qui n'a jamais péché en la matière, jette la première pierre.

Aujourd'hui, de plus en plus de gens limitent drastiquement leur usage de l'email, d'autres y renoncent même complètement. C'est pourtant un outil extraordinaire de communication, depuis son tout premier envoi, en 1971 (un message test envoyé à lui-même, via l'ARPANET, l'ancêtre d'Internet).

La plupart des serveurs mail (comme Gmail) ou des applications dédiées à cet usage comme Outlook de Microsoft, ont un filtre anti-spam. Activé par défaut, il bloque l'arrivée des courriers électroniques indésirables (publicitaires en général).

Cependant, vous pouvez choisir de régler plus précisément les paramètres de ces derniers pour les rendre plus ou moins sélectifs. Les filtres utilisés peuvent néanmoins parfois vous jouer des tours. Au début au moins, jeter parfois un œil aux emails classés comme Spam, vous pourriez avoir des surprises. Après tout, ni Gmail ni Outlook n'ont la science infuse. Dans ce cas, précisez leurs que le mail qui vous intéresse n'est pas un Spam (en général supprimer la mention « Spam » en haut du mail suffit). Dans le cas inverse, signalez comme Spam les emails que vous jugez superflus. Les suivants du même expéditeur n'encombreront plus votre boîte principale.

Le plus grand risque de se noyer dans sa boîte mail existe au sein des entreprises ou institutions. Mails pré-réunion, mails post réunions, demandes de précision de personnes en retard sur leur mail, personnes dont les adresses mail sont systématiquement ajoutées en copie dans les messages... les excès ne manquent pas, et ils ont l'effet « goutte d'eau qui fait déborder le vase ». Il ne faut en aucun cas minimiser celui-ci : plusieurs études montrent un lien entre le trop-plein d'email et la tendance croissante au burn-out professionnel.

Quelques règles en la matière :

- Vous n'êtes pas un agent de Mission Impossible ; un email ne s'auto-détruit pas dans la minute qui suit. Au lieu de les ouvrir en rentrant du travail, le soir ou avant de dormir, attendez plutôt le lendemain avec l'esprit reposé, et après une heure que vous avez fixée.
- Ciblez vos destinataires.
- Des emails clairs peuvent limiter le besoin de réunion, et vice versa.
- Désabonnez-vous des newsletters que vous ne jugez pas essentielles, de même, refusez les notifications Facebook ou Twitter.
- Si vous usez des mails avec parcimonie, vos correspondants vous rendront souvent la pareille.
- Créez-vous au moins deux adresses emails : une privée et une qui sert à recevoir le démarchage en tout genre lorsqu'on vous sollicite sur le net.

Enfin, de plus en plus gens, dans le privé comme en entreprise, préfèrent l'emploi de messagerie instantanée, de type chat. Le dialogue y est interactif, et vu que vous ne pouvez échanger qu'avec une personne elle-même connecté, les piles de messages ne s'y accumulent pas.

Pour aller plus loin : https://hbr.org/2012/02/stop-email-overload-1 Amy Gallo

PEUT-ON VOLER MON ORDINATEUR À DISTANCE ? 98

De nombreux internautes pensent qu'ils ne courent pas de risques, car ils n'ont rien de précieux sur leur ordinateur. Mais l'ordinateur lui-même a une valeur pour les criminels d'Internet. Le voleur peut voler l'utilisation de la machine sans prendre la machine physique elle-même, mais le propriétaire continue à fournir l'espace, la puissance et la connectivité à un réseau.

La machine devient alors un « bot » ou zombie. Le terme « machine possédée » est parfois utilisé.

Le contrôle d'une « machine zombie », donne au criminel un moyen d'agir en masse, ou un parfait épouvantail. Car exécuter un crime Internet à partir de sa propre maison est risqué. Canaliser les communications à travers un bot permet au criminel Internet de donner une fausse piste.

Voici les usages principaux qui pourraient être opérés via votre ordinateur :

- Création d'un ordinateur « zombie », une machine piratée qui est utilisée pour lancer des attaques, ou pour être additionnée à un botnet.
- Établissement d'un réseau de robots logiciels, ou botnet, qui propage des logiciels malveillants.
- Établissement d'un flux rapide, ou « Fast Flux », qui rend difficile le suivi de la source des logiciels malveillants ou des sites d'hameçonnage.

Quels sont les signes que mon ordinateur fait partie d'un botnet ?

Certains signes sont à prendre avec des pincettes : un ordinateur qui met du temps à s'éteindre, qui est plus lent que d'habitude, ou dont le ventilateur se met brusquement à mouliner hors de toute exécution visible de programme. Des mises à jour de votre ordinateur par exemple peuvent causer les mêmes symptômes.

D'autres sont plus directement parlant :

- Vous ne pouvez pas installer des mises à jour de votre système, ou de votre anti-virus.

- Votre connexion Internet devient extrêmement lente.
- Des fenêtres « pop ups » apparaissent alors que votre navigateur n'est pas ouvert.
- Des contacts vous signalent avoir reçu des mails depuis votre adresse que vous n'avez pas envoyé.

Faites un scan de votre PC avec votre antivirus. Vous pouvez aussi identifier vous-même la menace, par exemple en repérant qu'un programme inconnu cherche de manière répétée à se connecter au réseau. Vérifier dans ce cas par une recherche sur Internet que ce programme n'est pas une application parfaitement légitime, mais au nom obscur.

Enfin, les sites certaines sociétés de sécurité informatique vous proposent de vérifier si votre ordinateur est reconnu comme faisant partie d'un botnet connu. Les plus grands rassemblant des centaines de milliers de machines.

Pour aller plus loin :

CNIL « guide de la sécurité personnelle ».

https://www.kaspersky.com/blog/simda-botnet-check/8304/

https://www.welivesecurity.com/2010/04/21/top-10-signs-your-computer-may-be-part-of-a-botnet/

https://fr.wikipedia.org

COMMENT CHERCHER DE L'AIDE SUR INTERNET ? 99

Si Internet est un océan, où sont rangées les fusées de détresse ? On aurait tendance à l'oublier, après avoir passé en revue les crimes et malveillances en vogue, mais Internet est aussi un catalyseur de profonds instincts généreux et créatifs.

Certes, nous ne sommes pas encore là où, Tim Berners-Lee, l'ingénieur britannique à l'origine du « world Wide Web » né en 1989, aurait souhaité. Encore trop centralisé autour des grandes plateformes et manquant de transparence ou « d'accountability » (sens des responsabilités, ou le fait de rendre des comptes) au niveau des États, Internet offre malgré tout aujourd'hui quelques possibilités de développement. L'avenir dira s'il parvient, avec un nouveau projet, à créer un Internet plus libre et plus démocratique pour les individus.

Pour l'heure, il est quand même possible de donner, comme au tout début d'Internet. En ce temps-là, avant de pouvoir valoriser financièrement leur nombre d'abonnés, de nombreux internautes offraient leurs conseils, leur expertise, sans demander un euro. Avec la donnée qui dirige aujourd'hui le monde marketing et financier ça n'est certes plus le cas. Mais le Web fourmille de projets charitables. Et sur les médias sociaux, en matière de commentaires, à une poignée de messages agressifs s'opposent une foule d'avis favorables ou informatifs.

Le Web comme version digitale de nos tribus d'antan où l'on partageait les mêmes valeurs : il est parfois possible de faire appel à cette masse de bonne volonté collective.

Pour surmonter une crise, ou soutenir le lancement d'un projet, vous pouvez lever des fonds. Il existe aujourd'hui des dizaines de plateformes de financement participatif (ou crowdfunding) sur lesquelles vous laissez un don avec ou sans contreparties financières (prise de participations, pré-ventes, réduction...) L'offre est tellement pléthorique qu'elles se sont spécialisées par secteur (environnement, agriculture, patrimoine, vin, handicap, projets locaux, innovation...) Les sites français les plus utilisés : KissKissBankBank, Ulule, Wiseed, Mimosa pour les agriculteurs qui doivent financer par exemple l'achat d'un nouveau tracteur pour améliorer la récolte. L'américain Kickstarter est aussi présent en France. Il faudra bien sûr trier le bon grain de l'ivraie ; entre les projets réellement porteurs de sens et de valeurs et ceux un peu plus désespéré ou opportuniste (faire financer son tour du monde des plages, renflouer ses dettes…)

Pour les entreprises, il est possible d'emprunter au travers de plate-formes de micro-crédit (Babyloan, Unilend, MicroWorld.) ou de prêts entre amis (HelloMerci, Leetchi), ou des investisseurs professionnels (Younited Credit).

À retenir également l'apparition d'un nouveau mode de financement pour les nouvelles entreprises reposant sur la technologie blockchain : les ICO ou Inital Coin Offering. Grâce aux crypto-monnaies, et pour le dire succinctement, le capital-risque se démocratise à tous en devenant accessible à quiconque possèderait ce type de monnaie.

Pour les campagnes de financement classiques, il faut toutefois mettre en place une stratégie pour augmenter ses chances de réussite :

- Postez des mises à jour sur l'évolution de votre campagne. Elles aideront vos sponsors à se sentir impliqués et valorisés. Ces informations donnent aussi une impression de transparence souhaitable. Vous pouvez choisir de mettre un donateur en avant : sa photo et ou une citation.
- Postez des informations sur votre cause en général, sans les limiter à votre campagne.
- Commencez vos postes par des remerciements à vos donateurs.
- Ayez l'objectif de créer une communauté autour du projet.
- Soignez les photos, elles sont la base de votre image publique. Pensez également à ajouter de courtes vidéos (1 à 2 minutes maximum), si elles peuvent être de qualité. En particulier une vidéo d'introduction à la campagne qui explique le pourquoi du comment.
- Cela peut être paradoxal, mais pour lever de l'argent, il faut en consacrer un minimum pour acheter des campagnes de promotion sur les réseaux sociaux.
- De manière générale, faites usage des forums, des groupes (Facebook) et des chaînes de discussion (Telegram). Tous les jours des centaines de personnes y trouvent de l'aide.

Bien sûr, il vous est aussi possible de ratisser le net à la recherche des financements publics disponibles. Sachez toutefois que la compétition est rude, la réussite incertaine et que c'est un véritable poste à plein temps que de répondre aux offres des pouvoirs publics !

Enfin, observez les images, la stratégie et les messages de ceux qui ont réussi à lever de l'argent. L'idée est de ne pas faire exactement comme eux mais de comprendre ce qui fait la différence entre une campagne inspirante et un simple appel aux dons.

Pour aller plus loin : *Crowfunding : les clés du financement participatif*, éditions Ellipses, Adnane Maalaoui, Pierre Conreaux.

100 COMMENT SE PRÉPARER À L'INTERNET DE DEMAIN ? PHILIP K.DICK* ET VOUS

Philip K.Dick et vous l'avez longtemps craint. C'est finalement arrivé.

Internet des objets connectés + développement exponentiel de l'intelligence artificielle = des frigos récalcitrants et donneurs de leçons. On pourrait aussi citer : des portes inquisitrices, des téléviseurs snobs, des voitures caractérielles ou des tablettes arrogantes, qui vous présentent à leurs amies comme leur « kit mobilité ». Sans parler de l'autobus autonome et eugéniste, terreur du quatrième âge.

Comment survivre à cette expansion du cyberespace dans votre cuisine ?

Nos recommandations :

- Montrez-leur qui est le maître. Interrogez tout bon éducateur canin. Il n'est pas question de supériorité réelle, juste de supériorité perçue. Ce Patou pourrait vous manger au petit déjeuner, et le premier épisode de « Rintintin » viendra confirmer vos suspicions : le berger allemand moyen n'est guère plus empoté qu'une bonne moitié de vos followers Twitter.
- Pourtant, ils bavent joyeusement sur nos chaussures et se contentent de nos restes avec des airs de béatitudes. Chose que nous n'avons jamais pu obtenir, malgré bien des efforts, d'aucun de nos « friends » sur Facebook.
- La source de tout véritable pouvoir est la gamelle. « Qui contrôles les croquettes contrôle le monde », comme disent les experts (certains du moins). Si votre réfrigérateur insiste sur les dernières recommandations « manger bouger » avant de vous permettre de toucher au Paris-Brest, remettez-le dans le rang avec un regard appuyé sur la prise.
- Éduquez-les quotidiennement, comme de jeunes chiots. Les objets connectés ont l'instinct de meute, forcément. Montrez-leur que vous êtes l'alpha, et qu'ils doivent mettre les pieds dans vos pas, et non l'inverse. Pas de brusquerie, vous risqueriez de vous retrouver dans le noir, affamé et grelottant de froid.

Juste la tranquille assurance de qui tient la laisse. La main du pouvoir est gantée, laissez-les renifler l'odeur du cuir.

Après tout, la course au pouvoir n'est que le reflet de nos propres insécurités. Si les machines deviennent réellement supérieures, ont-elles besoins de le proclamer ? Soyons de bons « Bertie Wooster », elles seront de bons « Jeeves ».

Et si les choses ont mal tourné, et que vous vous trouviez en lisant ces pages dans un monde post-apocalyptique où les robots traquent les derniers humains dans les forêts, pas de panique. Votre argent n'a pas été jeté par les fenêtres et cet ouvrage est entièrement combustible. Vous devriez en retirer au bas mot 1 500 kcals sous forme de lumière et de chaleur.

Voyez la vie du bon côté, et bonne chance à vous.

Philip K.Dick* : mini bio.

Construire un feu, Jack London.

Ubik, Philip K. Dick.

Jeeves stories, P G Wodehouse.

LEXIQUE SÉCURITÉ – MANUEL DIGITAL

Adresse IP : Avec « IP » pour « Internet Protocol », votre adresse IP est comme celle de votre logement. Sauf que celle-ci est formée, pour la plupart, de quatre nombres, entre 0 et 255 séparés par des points : c'est votre numéro d'identification. Il est attribué à votre appareil lorsqu'ils se connecte au réseau. L'IP révèle donc où vous vous trouvez et quel fournisseur d'accès vous utilisez. Au-delà de ce parfum de « 1984 » du nom de l'œuvre d'Orwell, l'adresse IP permet surtout d'envoyer et de recevoir correctement les données du Web. Avec le progrès, les protocoles Internet évoluent et nous utilisons principalement aujourd'hui l'IPv4 (version 4) et l'IPv6.

Blockchain : La blockchain est une technologie de stockage et de transmissions d'informations, réalisées de manière transparentes, sécurisées, et sans organe central de contrôle. Elle est donc l'instrument de la décentralisation par excellence que beaucoup attendent pour un Internet vraiment « horizontal ». Si vous soulevez un jour le capot de la blockchain, vous y verrez d'abord une base de données. Elle contient l'historique de tous les échanges effectués entre les utilisateurs, depuis sa création. Cette base de données est sécurisée et distribuée : elle est partagée par les différents utilisateurs, sans intermédiaire, ce qui permet à chacun de vérifier la validité de la chaîne. (*définition de Blockchain France*). Le premier usage concret de la blockchain concerne l'univers des crypto-monnaies, notamment avec le bitcoin qui vient valider l'efficacité de ce nouveau protocole d'échange. Elle est attendue comme la prochaine révolution de grande ampleur, après Internet que l'on considère comme n'être finalement qu'une première version du grand bouleversement de nos échanges.

Bluetooth : Le bluetooth, aussi surprenant que cela puisse paraître, tirerait son nom d'un ancien roi Viking qui unifia en son temps les tribus du Danemark et de la Norvège, et surnommé Bluetooth en raison de l'une de ses dents ; bleue-morte. Unifier les appareils entre eux grâce à une onde radio UHF (ultra haute fréquence), sans avoir besoin d'un fil, c'est bien ce que permet le bluetooth. Il donne ainsi à votre téléphone la possibilité d'échanger des données avec un autre sur une bande de fréquence à très courte distance (quelques centimètres).

Chiffrement : Le chiffrement est un procédé qui utilise la cryptographie pour transformer toute donnée lisible en une nouvelle donnée illisible, sauf pour le destinataire qui détient alors la clé de lecture. Il existe plusieurs techniques de cryptographie, adaptées à chaque d'usage. Nous les passons en revue dans cet ouvrage : chiffrement des messages, signatures électronique, échanges dans la blockchain ou cryptage délibéré par un pirate informatique, tel un rançonneur.

On distingue aussi le chiffrement symétrique (la même clé pour chiffrer et déchiffrer) de l'asymétrique, où une clé publique et partagée sert à chiffrer et une clé privée à déchiffrer.

Le chiffrement est à différencier du codage qui n'implique pas nécessairement la volonté de dissimuler un message, mais plutôt de lui donner de nouvelles références. Il faut vous replonger dans l'histoire du mathématicien britannique Alan Turing qui déchiffra en 1944 la machine à crypter « Enigma », utilisée par les Allemands en 1918.

Clé (de chiffrement) : La clé est la composante supplémentaire – et essentielle – qui vient se superposer aux algorithmes de cryptage et qui permet de les déchiffrer. Elle peut être symétrique (la même clé pour chiffrer ou déchiffrer) ou asymétrique (chaque message crypté a une clé particulière). Enfin, elle est soit publique (partagée et souvent conservée dans le certificat numérique), soit privée (secrète).
Source : GlobalSign.fr

Code PIN : PIN pour Personal Identification Number. Il est composé d'au moins 4 chiffres qui viennent former un code pour, par exemple, débloquer un téléphone. Mais pas seulement, le code PIN peut aussi être utilisé dans la banque ou tout autre usage nécessitant une identification.
Wikipédia

Cookies : Dans le monde digital, le cookie est un mini-fichier contenu sur un site Web et qu'absorbe votre ordinateur (en général après avoir donné votre accord explicite). Une fois ingéré, ce fichier va enregistré toute une série d'informations vous concernant : pseudo, âge, navigation, localisation, etc. Ces données sont collectées à des fins publicitaires mais servent aussi à améliorer votre navigation sur Internet. Il existe plusieurs types de cookies ; ceux qui expirent après la fermeture du navigateur, les permanents qui gardent traces de vos identifiants, et les cookies tiers qui veulent améliorer vos publicités sur vos pages, en observant vos habitudes.
(e-marketing.fr)

Données de localisation : Elles viennent nourrir une autre technologie quasiment utilisée par tous les nouveaux services du Web : la géolocalisation. Celle-ci s'appuie sur le système GPS ou sur les autres interfaces de communication d'un téléphone qui publie, en temps réel ou de façon différée, vos coordonnées géographiques (latitude/longitude).

Hacker/hacking : Le hacker est le terme anglais pour « pirate informatique ». Le hacking est son activité, soit celle qui consiste à modifier l'un des éléments d'un logiciel et/ou d'un matériel afin que celui-ci adopte un comportement autre que celui pour lequel il a été conçu. Le moment de grâce du hacker se trouve lorsqu'il tombe sur une faille dans un système informatique qu'il peut alors exploiter.
journaldunet.fr

Hyperscale Data Center : Ils sont les versions beaucoup plus puissantes du traditionnel entrepôt à données (data center), capables de « scaler » (augmenter) le stockage et les échanges de données. Fin 2017, on en comptait 400 dans le monde et leur nombre doit encore croître. Entre leurs murs, toutes nos données personnelles stockées mais aussi les multiples interactions qu'auront les objets connectés et les interfaces de l'intelligence artificielle.

Maliciel : Le maliciel provient en français de la contraction de « logiciel » et de « malveillant » (C'est aussi le cas en anglais avec la contraction de malicious et software donnant « malware »). Il englobe tout un tas d'autres programmes tout aussi sympathiques : les virus (qui ne sont qu'une branche dans son arbre généalogique diffus), les vers, les chevaux de Troie, les rançongiciels, ou encore les publiciels/adware (liés à la publicité), pour citer les principaux.

Malware : Voir maliciel.

NFC : NFC est l'abréviation de « Near Field Communication », soit la communication en champ proche entre deux appareils. Elle est aussi appelée « technologie sans contact » car elle permet la transmission de données à quelques centimètres. Paiement, connexion d'un téléphone à un ordinateur, achat sur une borne interactive font partie des usages les plus répandus du NFC.

Peer-to-Peer (pair à pair) : Le pair-à-pair est un système d'échange de données et informations tout à fait original. Avec lui, tout ordinateur n'est plus uniquement un récepteur de données ; il devient aussi un serveur-émetteur. Ainsi, tout le monde se retrouve sur un pied d'égalité et partage des paquets de données selon les besoins et les capacités de chacun. Fichiers, musiques, films... le pair-à-pair a connu ses heures de gloire lors de la première vague Internet, jusqu'à peut-être être remplacé par une autre technologie encore plus horizontale : la blockchain qui offre en plus à chacun un rôle d'authentification, de vérification et surtout de cryptage des informations échangées.

Phishing (ou hameçonnage) : Le phishing (contraction des mots fishing, pêche, et phreaking pour le piratage des lignes téléphonique), est, comme son nom l'indique, le fait d'attirer les esprits peu méfiants dans ses filets. Il envoi à ses victimes des messages qui semblent tout à fait crédibles. Il cache en réalité des fichiers piratés pour mettre la main sur vos données.

Piratage : Voir « hacker/hacking ». En français, on emploiera d'avantage le terme « pirater » pour la copie illégale d'un film, d'un enregistrement d'un logiciel et le « hacking » pour le fait d'accéder illégalement à un système informatique depuis un ordinateur distant afin d'en consulter les données, de les modifier, voire de les subtiliser. (Larousse) En termes d'occurrence, dans le fil francophone des Actualités de Google, le « pirate » informatique est au coude-à-coude avec le « hacker », son équivalent anglo-saxon.

Rançongiciel : Le rançongiciel a tellement le vent en poupe qu'on livre, sur la définition Wikipédia, toutes ses variantes : logiciel rançonneur, logiciel de rançon (qui a donné la contraction) ou logiciel d'extorsion. Il fait bien sûr partie de la grande famille des maliciels.

Un peu comme dans une prise d'otage, celui-ci s'accapare ou bloque vos données personnelles qu'il restituera (ou pas), en échange de payer une rançon. C'est un peu la version digitale de « la bourse ou la vie », devenant « votre bourse ou la e-réputation/la machine ». En général, il pénètre un système à la manière du cheval de Troie (caché au milieu d'autres fichiers), puis en s'exécutant il va chiffrer des données du disque dur. Des fichiers qui ne seront accessibles qu'en échange de récupérer la clé des pirates qui eux attendent votre virement bancaire... Dernièrement, le plus célèbre est le rançongiciel WannaCry.

Ransomware : Voir rançongiciel.

Revenge porn : Le revenge porn, ou « vengeance pornographique » en français, est, en général, une histoire sentimentale qui finit très mal. Il consiste à livrer au domaine public des photos, vidéos ou conversations très privées – le plus souvent à caractère sexuel – sans le consentement de la ou les personnes concernées. La vengeance peut provenir d'un ex-partenaire mais tout aussi bien d'un pirate qui demanderait une rançon contre sa promesse (toute relative) de ne pas publier l'image avec votre nom etc. Dans ce cas-là, on parle alors de sextorsion.

Scam/scammer: Le scam, ou arnaque en français couvre un large champ de cyber-attaques en tout genre. Il est le terme générique qui recouvre l'ensemble des arnaques possibles et imaginables sur Internet.

Sextorsion: La sextorsion ou «chantage à la webcam» est un procédé qui permet d'extorquer de l'argent (ou des faveurs sexuelles) à un internaute auquel il aura été dérobé des images ou des messages compromettants par la ruse ou la menace. Le délit est puni par la loi.

Sharding: Le sharding est un ensemble de méthode de distribution des données qui consiste à séparer, diviser des bases de données Big Data en Data Set (ou jeu de données) de taille réduite afin d'accélérer leur traitement ou de les gérer plus facilement, voire tout cela en même temps. (LeBigData.fr) En français, on pourrait le traduire par «fragmentation». Appliqué à la technologie blockchain, le sharding est, pour faire simple, une technique qui permettrait de fragmenter en plusieurs lots la base de données de la chaîne de blocs pour rendre celle-ci scalable et plus rapide dans les échanges de données.

Smishing: Le smishing est la version SMS du phishing (voir phishing). En d'autres termes, vous recevez un SMS (en général «urgent») de la part d'un destinataire qui vous parait tout à fait crédible. La contenu comporte un lien ou une action à faire; les deux vous renvoyant vers un faux site Internet qui vous demandera vos coordonnées bancaires. Il ne faut bien sûr jamais cliquer ni sur le lien, ni rappeler au numéro indiqué. Il existe d'ailleurs la version par «voix» de cette fraude: le vishing ou hameçonnage par téléphone où un serveur vocal, ou un individu, vous presse de répondre à une action.

Troll: Le troll est là pour créer une controverse sur Internet et sème des polémiques partout où il passe. Ses provocations ont l'unique but de nuire mais il ne faut pas prendre ses attaques de manière personnelle.

L'origine du mot argot est incertaine. Il proviendrait soit du folklore scandinave, dans lequel le troll est une créature monstrueuse, soit de l'anglais «trolling» (du vieux français «trôler») qui fait référence à un type de pêche basé sur des mouvements hasardeux et désordonnés. *Wikipedia.*

Typosquatting : Le typosquatting (contraction de typography et de squatting en anglais) est l'achat par un pirate d'un nom de domaine et d'une URL qui s'inspirent fortement de l'orthographe d'un vrai site connu. Seule différence, il possède une légère modification dans l'orthographe ou dans l'adresse ; une erreur que commet, semble-t-il souvent, un internaute un peu distrait. Du coup, celui-ci est redirigé vers un faux site (par exemple amazon.net et non amazon.com l'officiel), dont l'apparence et l'ergonomie semblent officiels, pour lui soutirer des informations personnelles (principalement ses identifiants) ou bancaires.

BIBLIOGRAPHIE/SOURCES INTERNET

Le Blog du modérateur

https://www.blogdumoderateur.com/pires-mots-de-passe/

Presse internationale

https://www.mirror.co.uk/tech/phishing-scam-known-sextortion-using-12928730

https://www.ktts.com/money/consumer/dont-waste-your-money/scary-porn-blackmail-scam-knows-your-password

https://www.csoonline.com/article/2130877/data-breach/the-biggest-data-breaches-of-the-21st-century.html

https://www.theverge.com/2017/4/4/15176766/apple-microsoft-windows-10-vs-mac-users-figures-stats

https://edition.cnn.com/2016/05/25/politics/state-department-report-faults-clinton-over-email-use/index.html

We Are Social

https://wearesocial.com/blog/2018/01/global-digital-report-2018

Presse internationale

https://mylio.com/true-stories/tech-today/how-many-digital-photos-will-be-taken-2017-repost

https://www.theguardian.com/technology/askjack/2018/apr/12/how-can-i-store-my-digital-photos-for-ever-external-hard-drive

May Meeker : https://www.recode.net/2018/5/30/17385116/mary-meeker-slides-internet-trends-code-conference-2018

https://www.blogdumoderateur.com/facebook-baisse-usage-2017/

Presse internationale

http://www.dailymail.co.uk/news/article-1206491/Woman-sacked-Facebook-boss-insult-forgetting-added-friend.html

Zdnet

https://www.zdnet.fr/actualites/3-volets-pour-le-futur-cloud-souverain-de-l-etat-francais-39870698.htm

Les Numériques

https://www.lesnumeriques.com/informatique/quel-service-cloud-choisir-a3277.html

Le Big Data

https://www.lebigdata.fr/cisco-cloud-computing-data-centers

Presse internationale

https://www.datacenterknowledge.com/cloud/research-there-are-now-close-400-hyper-scale-data-centers-world

https://www.wallpaper.com/design/the-best-art-and-design-google-doodles-of-all-time

https://lifehacker.com/5940946/20-google-search-shortcuts-to-hone-your-google-fu

https://www.scmagazineuk.com/article/1474174

https://thenextweb.com/security/2018/07/18/survey-45-of-security-professionals-reuse-the-same-password/

P2 – FAMILLE

Presse internationale

https://www.independent.co.uk/life-style/gadgets-and-tech/news/steve-jobs-apple-ipad-children-technology-birthday-a6893216.html

https://www.independent.co.uk/life-style/gadgets-and-tech/bill-gates-and-steve-jobs-raised-their-kids-techfree-and-it-shouldve-been-a-red-flag-a8017136.html

https://www.spyzie.com/fr/parental-controls/parental-control-software.html

Clubic

https://www.clubic.com/antivirus-securite-informatique/controle-parental/article-835304-1-securite-enfants-internet-meilleurs-logiciels-controle-parental.html

Europe 1

http://www.europe1.fr/technologies/comment-proteger-ses-enfants-des-images-pornographiques-sur-internet-2980931

Lci

https://www.lci.fr/societe/journees-sans-telephone-portable-10-chiffres-qui-prouvent-que-nous-sommes-accros-a-notre-smart-phone-2024614.html

Les Mobiles

https://www.lesmobiles.com/actualite/16782-plus-d-un-joueur-francais-sur-trois-joue-sur-smartphone.html

01net

https://www.01net.com/astuces/les-meilleurs-jeux-gratuits-pour-iphone-641794.html

Presse internationale

https://www.firstpost.com/tech/news-analysis/apple-app-store-generated-double-the-revenue-than-google-play-store-in-1 h-2018-4768011.html

RMC

https://rmc.bfmtv.com/emission/elle-se-suicide-apres-ete-harcelee-sur-facebook-les-associations-reclament-plus-de-controle-des-reseaux-sociaux-1067340.html

Le Tribunal du net

http://www.letribunaldunet.fr/actualites/traite-partenaire-de-baleine-publie-sextape-facebook-hommes-lencouragent-facebook-ne-censure.html

OCIRP

https://www.ocirp.fr/actualites/les-chiffres-cles-du-handicap-en-france

Psycom

https://www.psycom.net/iadcriteria.html

Huff Post

https://www.huffingtonpost.fr/laurent-schmitt/addiction-internet_b_4344040.html

Child Development Info

https://childdevelopmentinfo.com/family-living/kids-media-safety/children-teens-web-internet-safety/#.W172xrjpz21

E-santé

https://www.e-sante.fr/mon-enfant-est-accro-internet-que-faire/actualite/833

Presse internationale

https://www.telegraph.co.uk/technology/2018/08/15/150-box-locks-away-childs-gadgets-fight-tech-addiction/

La Dépêche

https://www.ladepeche.fr/article/2017/06/06/2588487-les-enfants-passent-trop-de-temps-devant-les-ecrans.html

Presse internationale

https://www.telegraph.co.uk/finance/newsbysector/mediatechnologyandtelecoms/9952658/British-teen-sells-Summly-app-for-millions.html

Hackernoon

https://hackernoon.com/why-i-like-coding-as-a-12-year-old-cdb19e87d57f

Académie en ligne

http://www.academie-en-ligne.fr/Default.aspx

Wikipedia et wikiversity

https://fr.wikiversity.org/wiki/Wikiversit%C3%A9:Accueil

https://fr.wikipedia.org/wiki/Formation_en_ligne

Presse internationale

https://www.forbes.com/sites/louiscolumbus/2018/08/16/iot-market-predicted-to-double-by-2021-reaching-520b/#4c3fc851f948

Le Figaro

http://www.lefigaro.fr/argent/2016/03/31/05010-20160331ARTFIG00183-les-francais-ont-perdu-45-milliards-d-euros-avec-des-arnaques-sur-internet.php

Numerama

https://www.numerama.com/business/322688-bitconnect-enquete-sur-une-escroquerie-a-lheure-des-influenceurs-et-des-cryptomonnaies.html

Le Parisien

http://www.leparisien.fr/societe/accros-au-jeu-quand-rien-ne-va-plus-27-06-2018-7797099.php

20 Minutes

https://www.20minutes.fr/sante/1880503-20160704-addiction-profil-accros-jeux-ligne

Comarketing News

https://comarketing-news.fr/le-e-commerce-en-europe-faits-et-chiffres-2016/

https://www.lsa-conso.fr/le-chiffre-d-affaires-d-amazon-france-selon-kantar-worldpanel,284496

https://comarketing-news.fr/1-francais-sur-2-est-influence-par-les-avis-en-ligne/

https://www.ladepeche.fr/article/2018/02/01/2733677-achats-en-ligne-51-des-francais-influences-par-les-avis.html

https://comarketing-news.fr/28-millions-de-francais-vont-faire-leurs-soldes-en-ligne/

Sensefuel

https://blog.sensefuel.com/les-avis-clients-pourquoi-en-avez-vous-besoin-et-comment-les-utiliser

Journal du Net

https://www.journaldunet.com/ebusiness/expert/60445/avis-clients-sur-internet---comment-discerner-le-vrai-du-faux.shtml

Generation NT

https://www.generation-nt.com/faux-avis-internet-consommateur-dgc-crf-actualite-1946928.html

Archinfo01

https://archinfo01.hypotheses.org/2224

https://www.lsa-conso.fr/les-francais-reclament-des-produits-plus-equitables,287451

e-RSE

https://e-rse.net/consommateurs-payer-plus-cher-impact-environnemental-positif-25783/#gs.MEHwrAw

Entreprise

https://www.starbucks.com/responsibility/global-report

Ecowatch

https://www.ecowatch.com/nestle-plastic-pollution-greenpeace-2558963533.html

Les Echos

https://www.lesechos.fr/19/02/2018/lesechos.fr/0301257951970_la-signature-electronique-gagne-du-terrain-dans-les-echanges-numeriques.htm

MexicoNews Daily

https://mexiconewsdaily.com/news/mit-student-loses-scholarship-over-missing-signature/

https://www.clubic.com/achat-en-ligne/article-842741-1-revendre-produits-high-tech-internet-meilleurs-services.html

Comment ça marche

https://www.commentcamarche.com/faq/48391-utiliser-la-plateforme-marketplace-de-facebook

La Croix

https://www.la-croix.com/Journal/Lessor-marche-loccasion-France-2017-09-25-1100879342

https://www.20minutes.fr/high-tech/2246663-20180402-video-fact-checking-trois-conseils-identifier-image-internet

Meta-media

https://www.meta-media.fr/2018/02/27/fake-news-le-nombre-de-projets-de-fact-checking-a-triple-en-4-ans.html

Presse Internationale

https://www.cnet.com/news/facebook-says-misinformation-is-a-problem-but-wont-say-how-big/

Webrankinfo

https://www.webrankinfo.com/dossiers/etudes/parts-marche-moteurs

InfluencemarketingHub

https://influencermarketinghub.com/what-is-an-influencer/

RFI

http://www.rfi.fr/video/20180413-mooc-sont-ils-toujours-gratuits

https://start.lesechos.fr/continuer-etudes/master-ms-mba/les-10-meilleurs-mooc-de-2017-10816.php

Islean Consulting

https://www.islean-consulting.fr/fr/strategie-de-rupture/mooc-et-grandes-ecoles-pourquoi-comment-y-aller/

https://www.forbes.com/sites/bernardmarr/2016/02/12/big-data-35-brilliant-and-free-data-sources-for-2016/#150ba895b54d

Presse internationale

https://www.supinfo.com/articles/single/4912--darknet-deep-web-darkweb

Mashable

http://mashable.france24.com/medias-sociaux/20160426-tor-facebook-un-million-utilisateurs

https://medium.com/@guillaumechaslot/how-youtubes-a-i-boosts-alternative-facts-3cc276f47cf7

http://mashable.france24.com/medias-sociaux/20180507-conditions-utilisation-facebook-twitter-instagram-exposition-art

B-reputation

https://b-reputation.com/fr/blog/rapport-de-la-cnil-les-chiffres-ereputation

E-marketing

http://www.e-marketing.fr/Thematique/social-media-1096/breve/114-statistiques-et-faits-impressionnants-a-retenir-sur-les-medias-sociaux-333072.htm#zjSC0gDhXzWICyWp.97

Atlantico

http://www.atlantico.fr/atlantico-light/psychopathes-et-narcissiques-manipulent-moins-efficacement-internet-2658186.html

http://www.lefigaro.fr/sciences/2018/06/12/01008-20180612ART-FIG00137-le-mit-invente-norman-la-premiere-intelligence-artificielle-psychopathe.php

https://www.20minutes.fr/high-tech/2153655-20171018-vol-donnees-internet-france-deuxieme-pays-plus-touche-monde

Ifop

https://www.ifop.com/publication/observatoire-2018-de-la-rencontre-en-ligne/

https://www.commentcamarche.com/faq/25868-signaler-des-faits-relatifs-a-la-cybercriminalite

Security Magazine

https://www.securitymagazine.com/articles/87787-hackers-attack-every-39-seconds

Entreprise

https://uk.norton.com/norton-blog/2016/02/the_8_most_famousco.html

LeMagIT

https://www.lemagit.fr/actualites/252445712/Rancongiciels-linquietude-des-entreprises-recule

LeMonde

https://www.lemonde.fr/logiciel-de-racket-wannacry/article/2017/12/19/rancongiciel-wannacry-les-etats-unis-incriminent-la-coree-du-nord_5231600_5128888.html

Le Vif

http://datanews.levif.be/ict/actualite/infection-au-rancongiciel-samsam-la-plupart-des-entreprises-preferent-se-taire/article-normal-872925.html

http://www.leparisien.fr/espace-premium/air-du-temps/attention-au-grooming-14-02-2014-3588495.php

Focusur

https://www.focusur.fr/societe/etudes-enquetes/2015/09/22/lindustrie-du-sexe-en-ligne-en-chiffres-et-en-infographie

Ice.gov

https://www.ice.gov/news/releases/texas-man-sentenced-houston-more-37-years-federal-prison-producing-child-pornography

Presse internationale

http://www.dailycamera.com/news/boulder/ci_32075999/boulder-man-sentenced-8-years-prison-child-pornography

https://money.cnn.com/2016/06/23/technology/sextortion-thorn-study/index.html

https://money.cnn.com/2016/06/23/technology/sextortion-thorn-study/index.html

Le JDD

https://www.lejdd.fr/societe/sextorsion-quand-les-hommes-sont-pris-pour-cibles-sur-internet-3533942

https://www.journaldunet.com/management/expert/68222/les-arnaques-au-president-en-augmentation-dans-les-pme.shtml

E-enfance

https://www.e-enfance.org/que-dit-la-loi-le-revenge-porn-2

Fredzone

http://www.fredzone.org/whatsapp-un-policier-arrete-pour-revenge-porn-774

L'ADN

http://www.ladn.eu/nouveaux-usages/etude-marketing/revenge-porn-qui-sont-les-victimes/

FranceTVinfo

https://www.francetvinfo.fr/internet/internet-quel-sort-la-loi-reserve-t-elle-aux-trolls-francais_724103.html

https://www.la-croix.com/Sciences-et-ethique/Numerique/Data-brokers-nouveau-metier-numerique-2018-04-10-1200930523

Atelier BNP Paribas

https://atelier.bnpparibas/smart-city/article/data-brokers-commerce-donnees-personnelles

https://www.blogdumoderateur.com/facebook-desactive-data-brokers/

Financeparticipative

http://financeparticipative.org/qui-sommes-nous/membres-association/les-plateformes-de-dons-avec-ou-sans-contrepartie/

Presse internationale

https://www.wired.com/story/nigerian-email-scammers-more-effective-than-ever/

Tendancedroit

http://www.tendancedroit.fr/apercu-la-mort-numerique/

Presse internationale

https://www.richardvanhooijdonk.com/en/blog/death-tech-future-death-exploring-means-live-die/

Resonance-funeraire

https://www.resonance-funeraire.com/index.php/actu/4006-le-crowd-funding-un-financement-alternatif-pour-obseques-participatives

Entreprise

https://secure.edeneo.fr/

http://www.lefigaro.fr/conjoncture/2016/11/01/20002-20161101ART-FIG00019-10-start-up-qui-vous-accompagnent-face-a-la-mort.php

https://www.numerama.com/business/381494-rencontre-avec-gran-twill-la-startup-qui-simplifie-le-deces-numerique.html

Ouest-France

https://www.ouest-france.fr/societe/79-des-francais-croient-au-moins-une-theorie-du-complot-5487308

Le Plus

http://leplus.nouvelobs.com/contribution/1478009-debat-en-complo-tisme-on-te-manipule-avec-kevin-razy-une-video-consternante.html

Imprimé en Italie par «La Tipografica Varese Srl» Varese